인생 최악의 날          부처가 나에게 말을 걸었다

티라미수
THE BOOK

이 책은 스승님 없이 결코 쓰여질 수 없었으므로
진심으로 감사하는 마음을 담아 모든 영광을 스승님께 바칩니다.

티베트 불교 협회 창립자 게셰 아차리아 툽텐 로덴 스님과
서호주 퍼스 티베트 불교 협회 원장 레즈 시히 스님의
은혜에 감사드립니다.

# 목차

005 · 1장 행복해지려면 무엇이 필요한가

015 · 2장 부처님의 첫 가르침

041 · 3장 명상을 습관으로 만드는 일

075 · 4장 원인과 결과의 법칙

101 · 5장 이토록 귀중한 인생

129 · 6장 깨달음에 이르는 첫 단계

145 · 7장 보리심으로 세상을 바라보면

167 · 8장 바라밀로 일상에서 행복 찾기

195 · 9장 부처님 지혜의 정수

233 · 10장 스승을 따르는 일


250 · 맺음말

255 · 용어 해설

# 1장

# 행복해지려면
# 무엇이 필요한가

어느 날, 데파Depa라고 불리던 가난한 남자가
아주 값진 보석을 발견했다.
욕심이라곤 찾아볼 수 없는 데다 작은 것에도
만족할 줄 알았던 데파는 누구에게 보석을 줄지 고민했다.
그는 보석을 가장 필요한 사람에게 주고 싶어
그런 이가 누구인지 생각에 잠겼다.
문득 그 보석을 프라세나짓Prasenajit왕에게
주어야겠다는 생각이 들었다. 왕은 놀랐다.
세상에는 가난하고 궁핍한 사람이 많았기 때문이었다.
데파는 이렇게 말했다.
"왕이시여, 가장 가난한 사람은 바로 당신입니다.
당신은 만족을 모르는 분이기 때문이지요!"

– 나가르주나 Nagarjuna, 친구에게 보낸 편지

행복해지려면 무엇이 필요할까? 이 질문은 아마 이 세상에 존재하는 모든 질문 중에서도 가장 보편적인 질문일 것이다. 모두를 평등하게 만드는 위대한 질문이다. 경제적으로 넉넉하든 궁핍하든, 혼자이든 연인이 있든, 지나치게 비중하든 우아하게 날씬하든, 우리는 모두 똑같이 진정한 행복을 원하기 때문이다. 환경에 따라 달라지는, 그러니까 누구나 경험할 수 있는 행복이 아니라 변함이 없으며 마음 깊숙한 곳부터 느낄 수 있는 진실한 행복을 모두가 원한다.

어떤 기준에서 보더라도 이 단순한 목표를 이루려는 우리의 노력은 확실히 엇갈린 결과를 낳았다. 지금 우리 사회는 윗세대가 보았다면 감탄을 금치 못할 정도의 풍요로움을 누리고 있지만 집안 선반에는 진정제와 신경안정제, 항우울제와 같은 약들이 그 어느 때보다 차고 넘친다. 모두 새롭고 진일보한 현실로부터 자신을 보호하기 위한 것들이다.

게다가 과거엔 볼 수 없었던 다양한 기계들이 필요한 노동력을 줄여주고 있고 누구나 자유롭게 이런 기기를 사용할 수 있는 시대가 되었지만 아이러니하게도 어느 때보다 오랜 시간 일해야 하는 시대를 맞이하기도 했다. '지구촌'이라는 편리한 개념이 만들어질 만큼 발전했지만 지금처럼 국제 테러와 요동치는 주식시장, 바이러스 감염 등 나라 안팎으로 위협에 둘러싸여 있다는 느낌을 받은 적도 없다.

각자 열심히 행복해지기 위해 의미 있는 삶을 좇지만 현실은 크게 나아지지 않는다. 대부분의 사람은 행복의 주재료를 돈과 관계, 일의 성취라고 여긴다. 만약 우리가 '행복 감사관'을 불러서 이 재료들이 진짜 효과가 있는지 따져본다면 과연 그것들은 끝까지 유효할 수 있을까?

복권 당첨자를 대상으로 한 여러 연구에 따르면 수백만 달러에 당첨

된 사람들의 행복 지수는 몇 달 만에 당첨 이전 수준으로 되돌아간다. 우리는 놀라울 만큼 환경에 빠르게 적응하는 존재이기 때문에 한때는 대단해 보였던 것에 금세 익숙해진다. 그리고 또다시 새로운 자극을 찾아 원점으로 돌아간다. 그렇게 바라던 승진을 이루고, 큰 계약을 따내고, 엄청난 성과를 거두어도 꿈꿔왔던 벅찬 감정을 느끼지 못해 자주 의아해하곤한다. 머릿속에 '이게 다야?' 하는 질문이 자연스럽게 떠오른다.

관계에서도 마찬가지다. 아무리 강렬하게 몰아치던 로맨틱한 감정이라도 처음이 지나면 얼마나 순식간에 변하고 마는지를 살펴본 적 있다면누구나 그 사실을 공감할 것이다.

그런데도 우리는 잘못된 건 레시피가 아니라 재료였다고 어떻게든 자신을 설득해 버린다. 이 직업을 얻고 저 계약을 따내면 인생이 바뀔 것같다, 바로 저 사람이 바라던 이상형이니 함께 살면 더할 나위 없이 행복할 것 같다는 식이다. 하지만, 이와 같은 생각을 바로 전 연인에게도 똑같이 했었다는 사실은 떠올리려 하지 않는다. 만약 그 사실이 떠올랐다하더라도 숨겨져 있던 놀라운 능력을 발휘해 이번에는 전혀 다를 것이라고 자신을 설득한다.

## 🪷 불교라는 해답

성인이 된 이후 내내 기업 홍보라는 바쁜 세계에 몸담다 보니 나 역시행복을 찾아가는 여정이 늘 분주할 수밖에 없었다. 나는 '커리어'라는러닝머신 위에서 살인적인 근무 시간을 소화해 가며 여러 개의 공을 동시에 저글링하듯 일했다. 게다가 아드레날린이 분출되는 큰 승리의 감정에서부터 세상이 멈추기를 소원했던 절망의 감정까지 온갖 감정의 파고를 경험하며 일했다. 그러니 나는 성공하기 위해 분투하는 삶이 어떤 건지 잘 안다. 얼마나 멀리 왔든 그보다 먼 길이 늘 눈앞에 있다는 피곤한 진실도 포함해서 말이다.

그런 내가 티베트 불교를 만나 실질적인 대안을 찾은 것은 더없는 행운이었다. 이 책은 오래된 전통에 따라 깊고 지속적인 행복을 얻는 길을 이야기한다. 또한 불교의 가르침이 내 일상에 어떤 의미를 더해주었는지 그리고 그로 인해 삶에서 진정 중요한 것들을 바라보는 시선이 어떻게 변했는지를 솔직하게 담고 있다.

책에 언급한 내용은 아주 개인적인 이야기일 수 있다. 하지만, 내 경험이 다른 사람의 경험과 별반 다르지 않다고 확신하며 글을 썼다. 책을 읽으며 '기업 홍보 분야'라는 단어를 지우고 그 자리에 당신의 '바쁨'을 대입하라. 그러면 동일한 주제 아래 조금씩 변주된 각자의 이야기가 탄생할 것이다. 우리는 모두 할 일은 너무 많은데 그걸 해낼 시간은 턱없이 부족하다는 것을 알고 있다. 그리고 아무리 애를 써봤자 삶을 최대한으로 살아내지 못한다는 것도 막연히 자각하고 있다. 아마도 모두가 동일하게 공유하는 주제 의식일 것이다. 나는 다양한 부처님 Buddha의 수행법을 삶에 적용하면서 긍정적인 변화를 경험했다. 이는 결코 나만의 특별한 경험이 아니다. 그리고 나는 지금도 여전히 매일 그 혜택을 누리고 있다.

만약 당신도 나처럼 자신에게 지나치게 엄격하거나 계획대로 되지 않을 때 심하게 자책하는 편이라면, 혹은 행복이란 통제할 수 없는 환경에 좌우된다고 믿거나 더 너그럽고 친절해지고 싶어도 상처와 두려움 때문에 마음이 무뎌져 버렸다면, 그리고 그저 하루하루 버티는 삶에서 벗어나 더 깊은 의미를 경험하고 싶다면, 진정한 변화로 인도하는 불교의 가르침에서 그 해법을 찾을 수 있으리라 생각한다.

## 🪷 외부 환경이 아니라 내면을 재정비하라

당신은 이렇게 질문할지도 모르겠다. 2,500년 전, 동양의 어느 작은 왕국에서 시작된 전통이 어떻게 21세기 사람들에게 행복을 가르쳐줄 수 있냐고 말이다.

정말 놀라운 점은 티베트 불교의 오래된 접근법이 마치 바쁜 현대 사회를 염두에 두고 만들어진 것처럼 요즘에 걸맞다는 사실이다. 티베트 불교는 직접적인 체험을 통해 인간 존재의 본질을 탐구하며 사실을 그대로 분석하는 태도를 근간으로 삼는다. 또한 오랜 세월 검증된 수행법을 단계에 따라 명확하게 제시한다. 그리하여 더 행복한 마음 상태가 되도록, 최종적으로는 깨달음Enlightenment에 이를 수 있도록 우리를 이끌어 준다.

불교의 관점에서 보면 돈이나 관계, 경력 같은 외부 환경을 바꾸려는 노력으로는 아무리 애를 써도 만족감이 오래가지 않는다. 그 이유는 인생에서 유일하게 바뀌지 않는 진리, 즉 '모든 것은 변한다.'라는 사실을 간과하기 때문이다. 잠깐 삶이 우리가 원하는 방식대로 흘러간다고 해도 언제든 계획은 뒤집어진다.

그렇다고 해서 행복을 포기하란 말이 아니다. 대신 더 효과적인 전략을 취하라는 뜻이다. 불교의 현자 샨티데바Shantideva는 다음의 아름다운 비유를 들려주었다.

> 충분히 많은 양의 가죽을 얻었다고 한들,
> 그것이 이 땅을 모두 덮을 수 있겠는가?
> 하지만, 신발 바닥에 가죽을 덧대기만 해도
> 온 땅을 덮는 것과 같은 일이 된다.

불교에서는 우리가 환경 전체를 통제하는 것은 불가능하다고 말한다. 대신 환경을 경험하는 마음의 방식을 다스리라고 말한다. 우리의 목표는 외부 조건이 아니라 마음을 바꾸는 것이다. 이를테면 습관적이고 부정적인 사고 패턴을 식별하고 그것을 긍정적인 대안으로 바꾸는 것이다. 세상을 바꾸는 게 아니라 세상을 인식하는 방식을 바꾸라는 뜻이다.

어쩌면 당신은 이렇게 생각할지도 모르겠다. "다 좋은 말이죠. 하지만, 당신이 내 아이들/남편/상사와 지내본다면 생각이 달라질 걸요?"

물론 그럴 수 있다. 하지만, 극도로 힘든 환경 속에서도 변화는 가능하다. 바로 이런 이유로 불교의 가장 대표적인 상징이 연꽃이 되었다. 연꽃은 자신이 뿌리내리고 있는 진흙탕이라는 환경을 초월해 수면 위로 솟아올라 가장 아름다운 꽃을 피워낸다.

## 🪷 실천 중심의 심리학

그렇다면 어떻게 해야 연꽃 같은 초월을 이루어낼 수 있을까? 단순한 희망이나 바람에 의지하는 것이 아니라, 수 천 년에 걸쳐 잘 다듬어진 불교의 수행법을 꾸준히 실천해야만 성공적인 결과를 얻을 수 있다.

제일 흔한 질문은 "불교 신자는 무엇을 믿나요?"이다. 유대 기독교의 핵심은 믿음이다. 따라서 불교도 석가모니 부처님에 대한 믿음을 기초로 할 거라고 흔히들 가정한다. 그러니까 석가모니를 예수나 모하메드와 같은 대상으로 여긴다.

사실 불교는 전혀 다른 방식을 따른다. 불교 신자들은 부처님을 숭배하는 대신 누구나 진심을 다하면 도달할 수 있는 모범으로 그를 받아들인다. 불교는 문제를 해결해 주는 전능한 신을 내세우지 않는다. 대신 우리 자신은 물론 타인을 위해서도 더 나은 마음의 도구를 제시해 준다.

이 책의 숨겨진 부제는 '불확실한 세상에서 행복 찾기'이다. 이는 이 모든 과정에 의도적인 노력이 필요함을 암시한다. 만약 우리가 피아노를 배우거나 골프 실력을 향상하고 싶다면 좋은 장비를 갖추는 것만으로는 부족하다. 일단 장비 사용법을 익혀야 하고 매 단계에 적합한 기술을 충분히 연습해야 숙달할 수 있다. 우리의 마음도 이와 다르지 않다. 불교 수행이 마음에 미치는 효과는 분명히 관찰할 수 있고 반복할 수 있으며 측정할 수도 있다.

## 🪷 행복을 향한 길

이토록 오래되었으면서도 진보적이고, 실용적이면서도 영적인, 그리고 파격적이면서 동시에 따뜻한 위로를 주는 길을 우리는 어디서부터 시작해야 할까? 전해지는 바에 따르면 석가모니 부처님은 생전에 무려 8만 4천 가지가 넘는 가르침을 전했다고 한다. 다행히도, 인도에서 티베트로 불교를 전한 위대한 스승 아티샤Atisha에 의해 그 핵심이 하나로 응축되어 우리에게 전해졌다. 아티샤의 가르침은 〈람림 Lam Rim〉이라 불리며 '깨달음에 이르는 길'로 번역한다. 티베트 불교에는 여러 종파가 존재하는데 각 종파는 중점적으로 여기는 핵심 개념과 그에 따른 전문 용어가 다르다. 그중 특히 〈람림〉을 강조하는 종파도 있으나 그 안에 담긴 가르침은 모든 종파에서 똑같이 귀히 여긴다.

이 책은 불교의 핵심 가르침을 소개하고 있으나 종합적인 해설서는 지향하지 않는다. 그런 방식은 나의 스승인 게셰 아차리아 툽텐 로덴 Geshe Acharya Thubten Loden 스님이 집필한『Path to Enlightenment 깨달음에 이르는 길』를 비롯해 이미 여러 서적에서 취하고 있다. 여기서 나는 라마나 스님과 같은 전문가가 전혀 아니라는 점을 강조하고 싶다. 바로 그런 이유로 이 책의 주요 독자층인 바쁜 현대인에게 도움이 되기를 바란다. 나 역시도 바쁜 사람이니까.

바쁜 일상을 살아가는 한 사람으로서 나는 나의 이야기를 통해 〈람림〉의 가르침이 내 삶에 어떤 도움을 주었는지 소개하고자 한다. 그 이유는 이 책을 통해 당신이 공감할 만한 무언가 혹은 삶에 진정한 가치를 더해 줄 무언가를 발견하기를 진심으로 바라기 때문이다. 어떤 개념이나 가르침은 특별히 마음에 와닿을 수 있지만, 그렇지 않은 것도 있을 것이다. 괜찮다. 불교를 음식에 비유하자면 정해진 순서대로 나오는 코스 요리라기보다는 자신에게 맞는 것을 자유롭게 골라 담는 단품 요리에 더 가깝다. 지금의 자신과 상황에 맞는 수행법을 선택하고 나머지는 잠시 옆에 제쳐두어도 된다.

이 책은 개인적인 이야기를 담고 있으며 등장하는 사람들은 모두 실제 인물이다. 사생활 보호를 위해 그들의 이름을 바꾸었다. 하지만, 〈람림〉에 대해서는 어떤 허구적 각색도 하지 않았음을 분명히 밝힌다.

부처님의 가르침인 불법Dharma을 설명하는 것은 정교하게 수놓아진 태피스트리를 이루는 실의 결을 하나하나 짚어가며 그 전체 구조를 통찰하려는 시도와 같다. 각 실은 서로 깊이 얽혀 있어 하나를 풀기 위해서는 다른 가닥을 살피지 않으면 안 된다. 나는 불교에 대해 전혀 모르는 사람도, 〈람림〉에 대해 익히 알고 있는 사람도, 모두가 이 책을 읽으며 새로운 통찰의 계기를 마련하기를 바란다.

깨달음은 때로 아주 멀고 험한 여정처럼 느껴진다. 우리 대부분은 그 의미를 어렴풋이 짐작할 뿐 선명히 알지 못한다. 그러나 〈람림〉은 우리에게 더 분명한 이해의 길이자 행복에 이르는 길을 제시한다. 여기서 말하는 행복은 우리가 살아오며 경험한 짧고 덧없는 세속적 행복과는 다르다. 오래 지속되는 내면의 평온함을 주는 행복이다. 단지 개인 차원에 머무르지 않고 모든 존재의 안녕까지 품어 안는 광대한 행복이다. 그리고 우리의 본래 모습이 순수하고 무한하며 죽음조차 초월하는 존재임을 깨닫게 하는 행복이다.

부처님은 이렇게 약속했다. 연꽃이 진흙에서 피어나듯 우리도 이 세속의 진창을 벗어나 해탈의 지복에 이르게 되면, 마침내 지금은 상상할 수조차 없는 찬란한 광명으로 향하게 될 거라고.

# 2장

# 부처님의
# 첫 가르침

## 네 가지 고귀한 진리

부처님은 물로 죄를 씻어 주지 않고,
손을 얹어 고통을 치유하지도 않으며,
남의 마음에 깨달음을 주입하지도 않는다.
다만 현실을 있는 그대로 비추어
스스로 속박에서 벗어나도록 이끈다.

– 마테르체타Matercheta

대대로 내려오는 지혜의 가르침에 따르면 비극은 더 큰 삶의 의미를 발견할 기회이다. 사랑이 떠나고 희망이 사라지며 커리어가 흔들릴 때 그러니까 그야말로 삶에 깊은 어둠이 드리울 때, 우리는 본능적으로 삶의 의미를 갈구한다. 지금 일어나는 상황을 설명해 줄 무언가를 찾고 싶어 한다. 아니면 적어도 마음을 위로해 줄 어떤 것을 원하게 된다. 그러나 이것은 진리의 한 단면일 뿐이다.

우리는 좋은 경력을 쌓고 평온한 가정생활로 제법 괜찮은 일상을 갖추더라도 여전히 불만족을 느낀다. 남들이 볼 때 여유롭고 품격 있는 삶을 사는 것처럼 보이는 사람도 조용히 내면을 들여다보면 여전히 불안감을 안고 산다. 세상은 너무나도 불확실하고 사람들은 상실감과 무력감 속에서 허우적대고 있다.

내가 불교에 귀의했던 때는 인생의 밑바닥에 있었을 때가 아니라 아이러니하게도 세속적인 기준에서 제법 잘나가기 시작했을 때였다. 런던에 살던 시절 나는 성공의 계단을 오르고 있었다. 트래펄가 광장을 내려다보는 세련된 홍보 컨설팅 사무실에서 일하면서 스스로 도시의 한가운데 서 있다고 생각했다. 결혼 생활은 원만했고 인기를 얻어가던 동네인 완즈워스와 클래팜 커먼 사이에 아파트도 마련했다. 또래들처럼 엄청난 단위의 보너스를 받지는 않았지만 경제적으로 부족함은 없었다. 고급 레스토랑과 해외여행, 독일산 고급 차가 내 일상이었다.

이 글을 쓰고 있는 지금도 그때의 삶이 내가 실제로 느꼈던 것보다 훨씬 더 화려하게 보인다는 사실을 부인할 수 없다. 그게 바로 문제였다. 오랜 시간 간직해온 꿈을 이루었다는 성취감에 충만하지도, 이른바 '성공의 사다리'를 오르고 있다는 설렘에 들뜨지도 않았다. 그 시절 나를 지배했던 감정은 극심한 피로였다. 내가 이룬 성취가 그렇게 대단하지 않았을 진 몰라도 거기에는 그만큼 대가가 따랐기 때문이었다.


## 🪷 성공의 대가

그 시절 나는 혹독할 정도로 긴 근무시간과 숨 돌릴 틈 없이 들이닥치는 마감, 고객의 엇갈리는 요구 속에서 삶을 즐길 여력이 없었다. 그렇게 전쟁터 같은 직장 생활에 대한 보상이라곤 잠시의 사치품에 기대는 것뿐이었다.

시간이 흐를수록 이렇게 몸과 마음을 갈아 넣는 삶의 방식은 휴식은 물론 삶의 소박한 즐거움조차 누리기 힘들게 만들었다. 망령처럼 계속 따라다니는 업무의 압박감은 무감각하고 탈진한 상태인 내 삶에 짙은 그림자를 드리웠다. 물론 고급 레스토랑에서 식사하며 주말에는 프라하 여행을 하기도 했지만 곧 깨달았다. '그래서 뭐? 이게 다 무슨 소용이람?' 반복되는 고객의 요구와 끝없이 이어진 업무 일정으로 사무실을 벗어날 수 없는 상황이 계속되었다. 정확히 말할 수는 없지만 빛나던 젊은 시절과 삼십 대 중반 사이의 어떤 지점에서 내 삶이 멈춰버린 듯했다.

더 심각한 것은 어느 정도 꿈을 이룬 듯했지만 그 보상이 기대만큼 크지 않다는 사실이었다. 월급은 겉으로 보기엔 충분했지만 정작 나는 부유하다는 느낌을 받을 수 없었다. 오히려 더 많이 벌어야 할 것 같았다. 일을 시작할 때와 달리 수입이 늘수록 압박감도 함께 커진다는 사실을 깨달았다. 이것이 정말 내가 바라던 삶이었을까? 마치 쳇바퀴 속의 다람

쥐처럼 달리면 달릴수록 더 빨리 달려야 하는 삶 같았다.

내가 몸담은 홍보 업계에서 아무리 몸부림쳐도 기름칠한 장대를 타고 올라가듯 꼭대기에는 도달할 수 없었다. 사실 나는 열여덟 살 때부터 서른둘이 될 때까지 줄곧 작가가 되기를 열망했다. 대부분의 건강한 또래들이 연애를 하거나 일탈을 즐기며 이십 대를 보낼 때, 나는 밤과 주말을 집에서 보내며 소설을 써댔다. 책이 출간되기를 열렬히 바라며 출판사 문을 여기저기 두드렸다. 모험담부터 상업적 로맨스까지 닥치는 대로 도전해 열 편의 원고를 썼지만 끝내 출간되지 못했고 결국 포기할 수밖에 없었다. 게다가 홍보 업계의 과중한 업무 탓에 다른 일에 쓸 에너지조차 남아 있지 않았다.

결국 나는 마치 지하철 객차에 갇힌 사람이나 템스강 변 도로의 교통 체증 속에 멈춰 선 사람처럼 어딘가에 얽매여 서서히 기력을 잃어갔다. 방 한쪽 책장에는 느린 삶을 찬미하는 책이 꽂혀 있었지만, 아무리 상상해 보아도 런던을 떠나 불확실한 미래로 뛰어들 용기는 나지 않았다. 내 적성과 성격이 지금의 직업에 놀라울 만큼 잘 들어맞는다는 것이 엄연한 사실이었다. 나는 내 일을 좋아했다. 다만 그것을 너무 많이 하고 싶지는 않았을 뿐이었다.

내 상황은 결코 특별하지 않았다. 오히려 현재 널리 퍼진 기업 세계의 모습을 우울할 정도로 적나라하게 보여주는 전형적인 사례였다. 주위를 둘러보면 금세 느낄 수 있었다. 누군가와 비교하면 나는 그래도 꽤 나은 편이었다. 어떤 동료는 쉬는 시간을 쥐어짜 아이들과 함께하는 소중한 순간을 만들려 애썼고 또 어떤 이는 스윈던에서 출퇴근에 하루 세 시간씩 허비하며 고단한 삶을 견뎠다.

나중에야 나는 그런 감정을 경험한 것 자체가 얼마나 큰 행운이었는지 또 내가 얼마나 특권을 누리고 살아왔는지 깨달았다. 물질적 풍요와 함께 찾아오는 불만족은 모순되게도 의미 있는 삶을 모색하는 토대가 된다. 그 결핍이야말로 우리를 더 깊은 질문으로 이끄는 힘이다. 그러나 지금, 이 순간에도 수백만 명의 개도국 사람들은 돈으로 행복을 살 수 없다는 사실을 깨달을 기회조차 얻지 못하고 있다. 몸이 보내는 신호가 없었다면 나 역시 내가 얼마나 행운아인지 알지 못했을 것이다. 물론 그것이 인생을 송두리째 바꾸는 심장마비나 끔찍한 질병 같은 극적인 사건은 아니었다. 단지 왼쪽 손목에 난 작은 발진이었을 뿐이었다.

그 발진이 언제 생겼는지는 정확히 기억나지 않는다. 며칠 뒤 발목에 또다시 자국이 생기자 나는 순간 당황했다. 아프리카에서 자란 덕분에 발진 한가운데 흰 반점을 보자 곧바로 벌레에 물린 자국임을 알 수 있었다. 도대체 개미가 어떻게 살아남아 트래펄가 광장 한복판에 있는 사무실까지 따라왔는지 의아했지만 소독 연고를 바르면서 그 생존력에 감탄할 수밖에 없었다. 감탄이 지나치다 못해 마음 한편이 오히려 불편해질 지경이었다.

하지만, 그 후 집에 있을 때 발진이 다시 올라왔다. 이번에는 손목과 발목에 동시에 올라왔다. 그 원인을 더 이상 개미라고 단정할 수 없었다. 내 몸에 무슨 일이 벌어지고 있는 것이 확실했다. 낯선 알레르기 증상을 겪고 있는 것 같기도 했다. 중요한 발표를 앞두고 물집이 생기는 것을 그냥 두고 볼 수는 없었다. 곧장 의사를 찾았다.

# 🪷 뜻밖의 처방

의사는 이런 알레르기 반응은 요즘처럼 환경이 오염되고 난 후 점점 흔해지고 있으며 아무런 이유 없이 갑자기 나타나거나 사라지기도 한다며 나를 안심시켰다. 대기 번호를 기다리는 일은 끝없이 느껴졌지만 의사와의 면담은 여느 때처럼 순식간에 끝났다. 불과 몇 분 만에 항히스타민제를 처방 받았고 증상이 느껴지면 곧바로 약을 먹으라는 당부도 함께 받았다.

약의 효과는 놀라웠다. 약이 있었으니 망정이었다. 곧 발진이 더 심하게 올라오기 시작했다. 그렇게 불과 몇 주 만에 나는 항히스타민제 중독자가 되어버렸다. 약을 치료뿐 아니라 예방 차원으로도 복용하게 되면서 계속 이렇게 지낼 수는 없다고 생각했다. 설마 앞으로 40년을 주머니에 약통을 넣고 다녀야 한다는 건 아니겠지?

이번에는 보완 의학을 병행하는 병원에서 상담을 받았다. 그때, 꽤 다른 통찰을 얻었다.

"지금 당신의 몸에 독이 가득합니다." 빳빳한 흰 가운을 입은 근엄한 풍채의 의사가 진찰 후 훈계하듯 말했다. "하루에 커피를 얼마나 드시나요?"

예상 밖 질문이었다. 하지만, 적어도 붉은 자국의 원인은 분명해졌다. "8잔 정도 먹습니다." 내 사무실 문밖 보온기 위에는 언제나 김이 모락모락 나는 커피포트가 유혹적으로 놓여 있었다.

"완전히 끊으셔야 합니다." 의사는 집게손가락을 흔들며 단호하게 말했다. "커피와 차, 설탕, 밀가루, 술을 끊으세요. 가공식품도 안 됩니다.

신선 식품이나 과일, 채소만 드세요. 물을 많이 섭취하시고요. 그리고 간에 도움이 될 만한 것을 적어드리겠습니다.”

의사가 간 기능 강화제 처방전을 작성하는 동안 잠시 침묵이 흘렀다. 그녀는 처방전을 건네기 전에 걱정스러운 표정으로 내 눈을 바라봤다. “몸 전체가 극도의 스트레스를 받고 있네요. 보완 의학에서는 몸을 마음의 연장선으로 봅니다. 당신은 스트레스가 많은 일을 하고 있어요.” 의사는 내 대답을 듣기도 전에 바로 말을 이어갔다. “그렇기 때문에 마음을 가라앉히고 내면의 고요함을 기르는 법을 배우셔야 합니다.”

의사는 처방전과 함께 따로 종이 한 장을 재빨리 건네며 말했다. “명상을 추천합니다. 여기에서 명상 수업 목록을 확인할 수 있을 겁니다.”

상담을 마친 뒤 나는 후회에서 분노에 이르는 다양한 감정을 느꼈다. 그중에서도 가장 당황스러웠던 말은 ‘내면의 고요함을 기르라.’라는 조언이었다. 나중에 알고 보니 그녀는 다른 사람에게도 자동차 운전이나 워드 프로그램을 배울 때 하는 것처럼 기계적으로 명상 센터 목록을 건네고 있었다. 그때까지만 해도 내 문제가 심한 스트레스에서 비롯되었음에도, 명상이 진짜 효과가 있을 줄은 몰랐다.

명상 수업 목록은 한 페이지를 가득 채웠다. 그 가운데 내 시선을 붙잡은 곳이 있었다. 바로 6주짜리 초급 과정을 운영하던 글리브 스트리트 곰파Glebe Street Gompa였다. 단순히 퇴근길에 들르기 좋은 위치 때문만은 아니었다. ‘티베트 불교’라는 단어를 보는 순간 강한 호기심이 일었기 때문이었다. 그 배경에는 오랫동안 불교를 믿어 온 내 친구 마시 젠슨의 영향이 있었다. 마시와 이야기를 나눌 때마다 나는 늘 새로운 관점을 얻곤 했다. 그녀도 분명 대찬성할 것이라 생각했다. 일주일에 두어 시간만

투자하면 되는데 잃을 게 무엇이 있겠는가?


## 🪷 부처님의 첫 가르침

당신이 극심한 가난에 허덕이는 한 가족에게
그들의 오두막 바닥 밑에 황금 보물이 묻혀 있다고
말하는 상황을 상상해 보라.
그들은 흙을 걷어내기만 하면 부유해질 수 있을 것이다.
마찬가지로 우리는 우리의 무지와 망상에 눈이 멀어,
우리 안에 부처님의 성품이라는 보물이 있음을 깨닫지 못하고 있다.

– 『여래장론 Sublime Continuum of the Great Vehicle』


글리브 스트리트 곰파 건물은 사우스 켄싱턴 지하철역의 서쪽, 살기 좋은 동네에 있는 테라스 딸린 조지아풍 집이었다. 도보에서 계단을 세 개 정도 올라가면 지붕 달린 현관이 나오는데, 그 안으로 들어서면 빨간 출입문이 나왔다. 그리고 이 문은 방문객들을 위해 항상 열려있었다.

이곳에 오기로 결정하기까지는 쉬웠다. 하지만, 예약을 하고 나서부터는 되돌릴 수 없는 일이 된다. 사실 나는 그때까지 글리브 스트리트 곰파에 관해 아무것도 몰랐다. 만약 수업 시간이 완전히 시간 낭비면 어쩌지? 자연을 사랑하자는 타령이나 하면서 뉴에이지 감성에 젖어있는 사람들이 가득한 곳이면 어떡하지? 이상하고 당혹스러운 의식을 하면 어쩌지? 이런 걱정들이 하나둘 고개를 들었다.

건물 안은 다행히 평범해 보였다. 바둑판 모양 타일이 깔린 복도를 지나자 바닥부터 천장까지 책장이 빼곡히 들어선 짙은 녹색 방이 나타났다. 은은한 조명에 베이 윈도와 푹신한 안락의자까지 갖춘 모습은 맨발로 들어가는 곳이 아니었다면 세인트 제임스의 신사 클럽 도서관처럼 보일 정도였다. 복도 안내판에는 신발을 신발장에 두고 들어가라는 문구가 적혀 있었다. 초급반 수강생 몇몇은 이미 신발을 벗은 채 책장을 살펴보거나 조용히 이야기를 나누고 있었다. 도착한 지 얼마 되지 않아 나는 탐을 만났다. 그는 자신을 단골이라고 소개한, 상냥한 도시 남자였다. 탐은 처음 방문한 나를 낮은 계단 아래 나무 패널로 둘러싸인 고요한 복도를 지나 곰파Gompa까지 안내해 주었다.

곰파는 티베트어로 '명상하는 곳'이라는 뜻이다. 이런 곳은 이번이 처음이었다. 커다란 직사각형 방 안 재단 위에는 도금된 불상이 놓여있었고 방 안의 촛불은 벽에 걸린 고풍스러운 탕카Thangka의 섬세한 문양과 장인들의 솜씨를 은은히 비추고 있었다. 단상 왼쪽에 있는 법좌를 제외하곤 다른 가구는 아무것도 없었다. 자줏빛 명상 방석만이 카펫 위에 가지런히 배열되어 있었다.

잠시 멈춰선 채 방안을 둘러보며 모든 것을 하나씩 눈에 담았다. 그때 두 가지 감정을 뚜렷하게 느낄 수 있었다. 첫 번째는 깊은 평온함이었다. 처음부터 초월적인 고요함을 기대하고 있었기 때문에 생겨난 것인지 아니면 금빛 부처님의 평온한 표정과 부드럽게 퍼지는 나그참파 향 때문에 생겨난 건지 알 수 없었지만, 한결 마음이 편안해졌다.

다른 감정은 뭐라 설명하기 어려웠다. 하지만, 나중에 알게 된 바로는 나만 그렇게 느낀 게 아니었다. 티베트 불교의 이미지와 상징에 둘러싸인 게 처음이었지만, 낯선 느낌이나 반감보다는 오히려 모든 것이 제자리에 있다는 편안한 익숙함을 느꼈다. 마치 집에 돌아 온 것 같았다.

나는 방 뒤쪽 방석 위에 앉았다. 내 자신에 집중하고 싶지 않았다. 그저 그 순간을 음미하고 싶었다. 불상 양 옆에 장식되어 있는 아름다운 꽃과 그 앞에 두 줄로 놓여있는 공양 그릇을 보면 여기에 있는 것만으로 스트레스가 줄어드는 것 같았다. 머릿속을 가득 채우고 있던 말들이 촛불 속에서 사라져 버렸기 때문이었다.

묘하게 끌리는 이곳에서 고요히 사색에 잠겨 있는데 불현듯 어디선가 웃음소리가 터져 나왔다. 한껏 들떠 있는 누군가가 입문반 교실에 들어온 것 같았다. 곧 명랑함의 출처가 명확해졌다. 수업이 시작되자마자 분주한 움직임과 함께 뒤쪽에서 황토색과 짙은 자주색의 승복을 입은 글리브 스트리트 곰파의 영적 지도자, 텐징 충파Tenzing Trungpa 스님이 유쾌한 모습으로 서둘러 들어오고 있었다.

텐징 충파 스님은 부처님 앞에 세 번 절을 올린 후, 바닥에서 30cm 정도 올려진 단상 위 법좌에 앉았다. 그러곤 마치 혼자만 아는 농담이라도 있는 듯 우리를 향해 웃어 보였다.

그는 장난기가 가득한 표정으로 이렇게 말했다. "초급반 101. 명상법과 불교에 대해 배우려고 오셨죠? 아주 잘하셨습니다." 그가 고개를 끄덕이며 말을 이어갔다. "탁월한 선택입니다! 명상을 배우는 데 6주가 아니라 단 일주일이면 충분합니다. 그것도 90분이 아니라 단 30분이면요! 배우는 건 아주 쉽습니다. 오히려 실천이 정말, 정말 어려운 것이죠."

# 🪷 중요한 질문들

스님은 진지하게 말했지만 그에게서 풍기는 분위기는 무겁지 않았다. 내 예상과는 다르게 편안하면서도 어딘가 장난스러운 분위기였다. 텐징 충파 스님은 '귀중한 분'이라는 뜻의 티베트어 존칭인 린포체 Rinpoche 라 불릴 만큼 티베트 불교에서 높은 지위를 지닌 고승 라마가 아니던가?

"6주 보다 더 오래 걸릴 수도 있어요. 요기 Yogi, 깊이 있는 영적 수행자 남성을 지칭 나 요기니 Yogini, 깊이 있는 영적 수행자 여성을 지칭로 완전한 깨달음을 얻기까지 6년이 걸리기도 하고요. 왜 그렇게 오래 걸리고 어려운 걸까요?" 그는 우리를 찬찬히 살펴보며 말을 이어갔다. "우리는 우리의 마음을 통제할 수 없기 때문입니다. 우리의 집중력이 아주 형편없기 때문이죠. 저에게 의지하지 말고 스스로 자신을 점검하세요. 불교에서는 보통 질문하는 사람을 좋아합니다. 눈먼 믿음을 싫어합니다. 부처님께서는 스스로 실천해 보지도 않고 부처님의 말을 믿기만 하는 사람은 어리석은 자라고 말씀하셨습니다. 자 이것을 보세요." 그가 잠시 말을 멈추더니 시험하는 것 같은 표정을 지었다.

"오롯이 한 가지에만 집중해 보세요. 그리고 그 상태를 얼마나 지속할 수 있는지 말해보세요. 1분도 채 지나기 전에 오늘 저녁 식사 생각이 떠오를 겁니다. 직장에서 벌어지고 있는 일이나 집에서 해야 할 모든 일들이 떠오를 테죠. 집중하기로 마음먹은 그 한 가지를 빼고는 온갖 생각이 다 떠오를 겁니다."

사람들은 그 말에 공감하듯 고개를 끄덕였다.

"어떤 사람은 이것을 '미친 원숭이처럼 날뛰는 마음'이라고 부릅니다. 우리의 마음은 완전히 미쳐있습니다. 이리저리 뛰어다니죠." 그는 승복 자락을 휘날리며 크게 팔을 휘저었다. "명상의 주요 목적 중 하나는 이 '미친 원숭이 같은 마음'을 잠재우는 데 있습니다. 끝없이 날뛰는 마음이 우리를 광적인 행동으로 내몰게 하는 대신 그 마음을 가라앉히고 쉬게 하는 것이지요."

"하지만, 명상하기 전에 먼저 질문을 할 필요가 있습니다. 굳이 왜 이렇게까지 해야 할까요?"그는 다시 말을 멈추고는 흥미로운 표정으로 수강생 한 명 한 명을 쳐다보았다. "아마도 여러분 중 몇몇은 스트레스를 관리하려고 여기 오셨을 겁니다. 평화나 행복을 찾고 싶어서 오신 분들도 계시겠지요. 모두 훌륭한 동기입니다." 스님이 점잖게 고개를 끄덕였다. "어쩌면 어떤 분은 라마와 함께 영적 세계를 여행하고 싶어서 오셨을 수도 있어요." 스님의 눈이 반짝였다. "브리시티 항공을 이용하는 것보다는 훨씬 쉬울 겁니다."

"오늘 여기 온 당장의 이유가 무엇이든지 간에 여러분이 명상을 배워야만 하는 제일 중요한 이유는 따로 있습니다. 그게 무엇인지 증명할 수 있도록 협조해 주세요. 지금 바로 여기에 있는 명상 방석에서 편안한 자세를 취하세요. 팔과 다리를 스트레칭한 뒤 허리를 쫙 편 상태로 앉아보세요."

팔과 다리를 굽히며 손가락 마디를 꺾고 어깨를 돌리는 등 긴장을 푸는 몸짓들이 이어졌다.

"모두 편안한 자세를 취하셨나요?" 스님은 잠시 뜸을 들인 뒤 조용히 물었다. 그러자 여기저기서 그렇다는 낮은 속삭임이 들려왔다. 스님은 여전히 장난기 어린 표정을 지은 채 조용해진 사람들의 얼굴을 천천히 둘러보았다. "불편하신 분, 계신가요?"

"아주 좋습니다! 이제 아무것도 하지 말고 호흡에만 집중해 보세요. 코로 숨을 들이쉴 때의 감각에 집중하세요. 내쉴 때도 마찬가지입니다. 이것만 하시면 됩니다. 들어오고 나가는 숨을 관찰하세요. 문을 지키는 보초병처럼 호흡을 유심히 살펴세요."

완전한 침묵 속, 서른 명의 사람과 함께 의식적으로 호흡에만 집중하는 것은 완전히 새로운 경험이었다. 그런데 막상 그 자리에 앉아 보니 지나치게 나 자신을 의식하게 되었다. 린포체는 눈에 대해서는 아무런 언급이 없었다. 눈을 감아야 하나 떠야 하나? 얼마 동안 이렇게 있어야 하지? 설마 앞으로 한 시간 반 내내 이러진 않겠지? 그러면서 나는 호흡에 집중하려고 애썼다. 하지만, 마음은 도무지 준비가 안 된 것 같았다. 모든 게 다 낯설기 때문이라고 속으로 생각했다. 익숙한 자리였다면 훨씬 편안했을 것이다. 정장 바지만 아니었어도 한결 여유로웠을 텐데.

내가 벨트가 너무 조이는 것 같다고 생각했을 때, 린포체의 말이 들렸다. "오 실례지만, 사랑하는 이여, 왜 발을 움직이셨나요?"

수업은 잠시 혼란에 빠졌다. 계속 호흡에 집중해야 하나? 린포체는 두 번째 줄 남성을 언급하고 있는 듯했다.(린포체가 남녀를 불문하고 모두를 '사랑하는 이여'라고 부른다는 것을 얼마 지나지 않아 알 수 있었다.)

"발목이 아파서요." 결국 그는 쑥스러운 듯 말했다. "이렇게 앉는 데 익숙하지 않습니다."

린포체는 미소를 지으며 이렇게 말했다. "편안하게 앉으라고 했는데 편안하지 않았나 보군요?"

사람들의 시선이 일제히 그 남자에게 쏠렸다.

"네."

"여러분 어떠셨나요? 괜찮으신가요?"

"네. 하지만, 오래 있지는 못하겠네요. 자세를 바꿔야 할 것 같습니다." 다른 사람이 머뭇거리듯 말했다.

"하! 보셨죠!" 린포체가 손바닥을 마주치며 말했다.

린포체의 즐거운 듯한 얼굴을 보며 사람들도 덩달아 웃었다. "첫 번째 고귀한 진리를 증명하는 자리에 함께해 주셔서 감사합니다. 이것이 바로 실재의 본성입니다. 여러분도 이런 불만족을 늘 경험하실 겁니다. 불교에서는 이것을 '윤회', 즉 삼사라Samsara 라고 부릅니다. 처음에는 편안했을지도 모릅니다. 하지만, 그 상태는 오래가지 않죠. 곧 자세를 바꾸고 싶어집니다. 이러한 본성은 모든 것에 적용됩니다. 일. 인간관계. 가정생활. 여러분이 소유하고 있는 자동차. 그야말로 모든 것 말입니다!"

## ✿ 사성제 The Four Noble Truths

삶은 본질적으로 고통이다.
그 고통에는 원인이 있다.
고통은 소멸될 수 있으며
그 소멸에 이르는 길이 있다.


고통을 알라.
원인을 버리라.

고통을 멸하라.

그 길 위에서 명상하라.

– 사성제, 『초전법륜경 Wheel of Dharma Sutra』

린포체는 우리에게 부처님이 깨달음을 얻은 후, 사르나트 녹야원에서 처음으로 설파한 말씀이 바로 사성제였다고 말했다. 사성제는 종종 '불교의 정수'라고 일컬어진다. 여기에 불교의 핵심 가르침이 들어있기 때문이다. 그리고 이는 현대인에게 특히 적합한 가르침이다. 병이 났을 때 찾아가는 유능한 의사처럼 인간의 상태에 대해 다음과 같이 임상적으로 접근하기 때문이다. 첫째, 부처님은 우리가 인간이기 때문에 고통을 겪는다고 진단했다. 둘째, 부처님은 그 고통의 원인을 규명했다. 셋째, 부처님은 완전한 치유를 약속했다. 넷째, 부처님은 그에 관한 구체적인 처방전을 제공했다.

사성제는 인간의 마음은 근본적으로 불만족의 상태라고 말한다. 대부분의 사람은 이 말을 처음 들으면 너무 암울한 진단이라고 생각할지도 모른다. 모두 각자의 문제를 갖고 있는 것은 사실이지만, 즐겁고 긍정적인 경험도 많이 하지 않는가.

그렇다고 해서 부처님이 완전한 절망 속에 살아야 한다고 말한 것은 아니다. 다만 우리가 누리는 행복과 쾌락이란 덧없는 찰나에 지나지 않는다고 일깨웠다. 지금은 편안히 앉아 있을 수 있을지라도 시간이 흐르면 그 상태는 변할 수밖에 없다. 하루하루 맞닥뜨리는 삶의 고단함은 말할 것도 없고 병들고 늙어 결국 죽음에 이르는 것은 너무도 자연스러운 이치다. 듣기 좋은 말은 아니지만 이것이 우리가 직면한 엄연한 현실이다.

그렇다면 우리는 왜 불만족에서 벗어날 수 없는 걸까? 사성제의 두 번째 진리가 그 원인을 밝혀준다. 겉으로는 우리가 행복하지 않은 까닭이 무척 다양해 보인다. 사소한 짜증에서 깊은 슬픔에 이르기까지 그 이유는 끝이 없는 듯하다. 그러나 부처님은 모든 불만족의 근본 원인을 세 가지로 압축했다. 그것은 바로 '탐', '진', '치'다. 달리 말하자면 집착과 화, 그리고 왜곡된 현실 인식이다.

 **탐** 貪, Attachment

종종 부처님이 집착에 관해 논하면서 가족과 친구를 향한 애정이 잘못된 것이라 말했다고 믿는 경우가 있다. 하지만, 그것은 완전히 오해이다. 또한 불교를 처음 접한 이들 중에는 세속으로부터 멀리 떨어져 나와야 한다고 착각하는 사람도 더러 있다. 그래야 고립 속에서 성장할 수 있다고 오해한다. 하지만, 불교에서는 그렇게 가르치지 않는다. 달라이 라마가 진정한 불교의 길은 거리 두기가 아니라 사랑과 자비라고 한 것만 봐도 그렇다.

부처님에 따르면 집착이란 어떤 물건이나 사람, 상황이 우리를 행복하게 해줄 것이라 믿으며 놓지 않으려는 성향이다. 그러나 이런 믿음, 곧 집착은 근본적으로 오류가 있다. 왜냐하면 우리는 어떤 것에 끌릴 때 대개 장점은 크게 부풀리고 단점은 축소하기 때문이다. 마케팅과 광고 산업은 바로 이 허점을 이용한다. 그들의 목적은 우리의 욕망을 극대화해서 특정 제품을 소유해야만 만족할 수 있는 것처럼 느끼게 하는 데 있다.

예를 들어, 당신이 새 시계를 사고 몹시 의기양양해 있다고 해보자. 그 시계는 생일 선물로 받았을 수도 있고 휴가 중 면세점에서 샀을 수도 있다. 처음 그 시계를 손목에 찼을 때 얼마나 기뻤는지 기억하는가? 사실은 그 시계가 전에 쓰던 것과 크게 다르지 않다는 점도 떠올려지는가? 만약 당신이 나와 비슷한 부분이 조금이라도 있다면 아마 처음 며칠 동안은 새 시계를 샀다는 사실만으로 들떠 괜히 시간을 자주 확인했을 것이다. 누군가가 당신의 멋진 새 액세서리를 보고 칭찬이라도 해주면 그저 그 말 한마디에 기분이 한껏 좋아지기도 했을 것이다.

하지만, 우리는 모두 이다음에 무슨 일이 벌어질지 잘 알고 있다. 바로 금세 새것에 익숙해지는 것이다. 그렇다. 이게 바로 우리 삶의 방식이다. 우리는 '익숙해지는 존재'다. 결국 그 시계에도 익숙해져 버린다. 그러다 시계 유리에 흠집이 나거나 시곗줄이 닳기라도 하면 그건 더 이상 '새것'이 아니다. 여전히 좋은 시계일 수 있겠지만 더는 그 시계를 볼 때 예전처럼 기쁘지는 않아진다. 시계 자체는 크게 달라진 게 없음에도 말이다. 그렇다면 처음 느꼈던 그 기쁨은 도대체 어디에서 온 것이며 또 어디로 사라져 버린 걸까?

집착의 대상은 시계처럼 사소한 물건일 수도 있고 대규모 기업 거래처럼 중대한 일일 수도 있지만 꼭 물질적인 것에만 국한되지 않는다. 많은 사람은 지금의 연인 혹은 과거에 사랑했던 누군가가 온전한 행복을 가져다줄 것이라 믿고 그 관계에 집착한다. 성공에 대한 야망도 마찬가지다. 특정 직업을 얻고, 높은 지위에 오르며, 더 많은 보상과 특권을 누리게 되면 진정한 만족을 얻을 수 있을까? 정말로 그렇게 믿는 사람은 얼마나 될까? 한때는 새 시계였던 그 시계처럼 시간이 흐르면 우리의 인식도 변한다.

 ## 진 瞋, Aversion

　진, 즉 분노도 역시 부정적인 부분이 과장된다는 점만 제외하면 같은 원리로 작동된다. 분노의 가장 대표적인 예는 운전 중 화가 폭발하는 상황이다. 왜 평소에는 차분하고 평화로운 사람이다가도 다른 운전자가 불편을 초래하는 상황만 되면 성미를 참지 못하고 욕을 하거나 외설스러운 손짓을 날리게 될까? 나 역시 다른 사람에게 이와 똑같은 행동을 하게 될 수도 있는데 말이다.

　우리는 갑자기 브레이크를 밟게 만든 낯선 운전자를 순식간에 '정신 나간 인간'이자 '이기적인 놈'으로 낙인찍고 당장 벌금을 물리거나 면허를 박탈해야 한다고 여긴다.

　흥미로운 사실은 이럴 때 우리가 자신의 분노를 정당화한다는 점이다. 이 분노는 다른 사람이 일으킨 것이니 이런 상황에서 화가 나는 것은 자연스럽고 어떤 면에서는 불가피한 것이라 생각한다.

　하지만 똑같은 이유로 브레이크를 밟아도 어떤 사람은 짜증을 내고 어떤 사람은 대수롭지 않게 넘긴다. 후자의 운전자는 이를 도로 위에서 오가는 자연스러운 흐름의 일부쯤으로 여기고 라디오에서 흘러나오는 음악에 맞춰 흥얼거리며 다시 길을 이어간다.

　더 놀라운 점은 같은 사건이라도 때에 따라 우리의 반응이 달라진다는 것이다. 예를 들어, 데이트 약속이 있어 운전하던 중이라면 다르게 반응했을지도 모른다. 같은 사건에 대한 반응은 감정적 환경에 따라 달라진다.

과연 운전 중 분노는 정당하고 자연스러우며 피할 수 없는 것일까?

더 이상한 것은 목적지에 안전하게 도착하고 몇 분 만에 이 사건을 잊어버린다는 것이다. 자연스레 다음과 같은 질문이 따라온다. 상대 운전자에 대한 증오는 도대체 어디서 왔으며 어디로 사라진 걸까?

순간적으로 스쳐 지나가는 분노보다 더 큰 문제는 부정적인 감정을 놓지 못하고 작은 모욕이나 불행을 곧바로 자기 자신과 동일시할 때이다. 그럴 때 사람은 자신도 모르는 사이 자신을 어쩔 수 없는 '희생자'라는 프레임 안에 가두고 만다.

이런 집착과 분노의 예를 보면 우리가 여전히 바깥세상과 끊임없이 관계 맺고 있음을 알 수 있다. 값비싼 시계가 진정한 행복을 가져다주지 않는다는 것을 깨닫기 위해 반드시 불교를 믿을 필요는 없다. 만약 그것이 그렇게 쉬운 일이라면 대부분의 사람은 이미 인생을 환희 속에서 살고 있을 것이다. 새 시계를 찼을 때 느꼈던 기쁨이든 금세 익숙해져 버리는 감정이든, 그 모든 경험은 결국 우리 마음에서 비롯된 것이다. 마찬가지로 분노의 진짜 원인이 마음속에 있다는 사실을 깨닫기 위해 반드시 현인이 될 필요는 없다. 우리는 아주 사소한 일에도 쉽게 화를 내는 사람을 만나기도 하고, 반대로 중요한 것은 결국 자신의 반응이라는 것을 보여주는 성인군자 같은 사람을 마주하기도 한다.

하지만, 문제는 우리가 이 사실을 알고 있음에도 행복과 화의 진짜 원인이 외부에 있는 것처럼 행동한다는 점이다. 아무 날이나 예를 들어보

자. 아침에 눈을 뜨자마자 '오늘은 일요일이야!' 하는 생각이 든다. "신난다!" 기쁜 마음에 몸을 뒤척이며 잠시 더 눈을 붙인다. 하지만, 곧 가고 싶지 않은 점심 약속이 있다는 걸 떠올리고는 기분이 가라앉는다. 그때 전화가 울린다. 회사 동료가 전화를 걸어왔다. 사무실에 일이 몰려 도움이 필요하다는 내용이다. 평소 같으면 이런 전화는 하루를 망치는 소식이었겠지만, 오늘만큼은 가기 싫었던 점심 약속을 피할 수 있는 완벽한 핑계가 된다.

이야기는 이처럼 계속 반복된다. 좋았다가 나빴다가, 행복했다가 언짢아졌다가. 우리는 마치 핀볼 머신 속 반짝이는 쇠구슬처럼 이리저리 튕기며 행복과 불행 사이를 오간다. 결국 우리가 할 수 있는 일이라고는 그저 반응하는 것뿐이다.

## 🪷 치 癡, Ignorance

불만족의 세 번째 원인인 '무지' 또는 '왜곡된 인식'을 살펴볼 차례다. 여기서 말하는 무지는 우리가 사람이나 사물을 볼 때 그것들이 태생적으로 어떤 고정된 본질을 지니고 있다고 믿는 잘못된 인식을 가리킨다. 앞서 살펴보았듯이 이런 종류의 무지는 집착과 분노에 내재한 속성이다.

이런 종류의 무지를 설명하는 데 가장 쉬운 방법은 음악일 것이다. 십대 시절 제일 좋아했던 음악을 떠올려보라. 그리고 부모님의 반응도 떠올려보라. 당신의 가족이 나의 가족과 다르지 않다면 아마 소위 말해 '의견 차이'가 분명 가족들 사이에 있었을 것이다. 때로는 당신의 음악 취향이 '열띤 논쟁'을 촉발했을 수도 있다.

놀랍게도 이 오래된 의견 불일치 문제에 관해 자주 묻지 않는 질문이 하나 있다. 바로 '왜 그런가?'이다. 왜 한 세대에게는 짜릿하고 해방감을 주는 소리가 다른 세대에게는 전혀 다른 반응을 일으키는가? 그 소리는 결국 같은 음파이고 생리학적으로 동일한 수용체에 닿는 소리인데도 말이다. 왜 어떤 사람에게는 황홀한 것이 다른 사람에게는 고통스러운 것이 될까?

분명한 건 음악 자체에는 내재한 속성이 없다는 점이다. 만약 있다면 우리가 의견 차이를 보일 리 없을 것이다. 개인의 해석 방식이 음악에 특정 속성을 부여하는 것이다. 아름다움은 보는 이의 눈에, 위의 경우에는 듣는 이의 귀에 달려 있다.

이 점은 아주 미묘한 차이 같아 보이지만 우리의 통상적인 전제를 뒤엎는 혁명적인 함의를 지닌다. 왜냐하면 본질적 특성의 부재는 단순히 취향의 문제를 넘어서는 문제이기 때문이다. 이것은 세상의 모든 현상에 적용된다. 심지어 벽돌과 시멘트까지도 말이다.

『비즈니스의 달인 부처님 The Diamond Cutter』의 저자 마이클 로치 Geshe Michael Roach 는 카리스마 있는 승려이자, 뉴욕에서 1억 달러 규모의 다이아몬드 사업을 일군 인물이다. 그는 맨해튼의 건물 단지를 예로 들며 겉보기엔 견고해 보이는 건물도 실은 그 자체로는 고유한 성질이 없다고 지적한다. 그가 운영하던 회사 앤딘 인터내셔널의 사무 공간이 부족해지자 그는 보석 상업 지구 바깥에 있는 건물 매입을 고려하게 된다. 이 결정이 좋은 선택인지 나쁜 선택인지는 전적으로 바라보는 사람의 관점에 달려 있다. 상업적 감각이 있는 독자라면 이 계획에 대해 이미 나름의 판단을 내렸을지도 모른다. 예를 들어, 임대료를 내는 대신 건물을 사는 것은 좋은 결정이다. 반면, 이미 형성된 상업 지구를 벗어나는 건 나쁜 결정일 수 있다. 그러나 상업 지구를 벗어남으로써 비용이 줄고 고객에게 더 나은 가격을 제시할 수 있다면 이는 좋은 결정이다. 반대로 떠나려는 지역의 부동산 가치가 계속 상승한다면 외려 나쁜 결정이 될 수 있다.

직원의 입장에서 이 계획을 본다면 뉴저지에 사는 사람은 출퇴근 시간이 줄어들기 때문에 환영할 것이다. 반대로 브루클린에 사는 직원에게는 반갑지 않은 소식일 것이다. 이런 식의 차이는 계속 반복된다. 설령 앤딘의 직원들이 모두 직접 그 장소를 방문해 본다 해도, 그곳이 더 나은지 아닌지는 결국 각자의 관점에 달려 있다.

모든 것이 이와 같다. 스완지에서 과체중으로 여겨지는 여성이 스와질란드에서는 오히려 풍만한 아름다움의 상징으로 받아들여진다. 로스앤젤레스에서 성공한 사업가는 런던에서는 졸부 취급을 받으며 존경받지 못한다. 우리는 많은 시간을 어떤 가정에 기대어 살아간다. 대부분은 '좋고 나쁨이 있다'라는 무의식적 전제에 따라 행동한다. 그러나 객관적인 실재 같은 것은 없다는 사실을 잘 깨닫지 못한다. 우리가 세상을 오감으로 받아들이는 방식은 사람마다 다르다. 해석하는 틀이 서로 다르기 때문이다. 이러한 이유로 불교는 모든 현상을 '연기緣起, Dependent Arising'라는 개념으로 설명한다. 사물이 존재하는 방식, 그리고 마음속에 떠오르는 방식은 결국 우리의 인식에 달려 있다는 뜻이다.

이것은 매우 중요한 주제이므로 나중에 다시 다룰 것이다. 어쨌든 글리브 스트리트 곰파에서의 첫날, 나를 둘러싼 모든 사람과 사물은 '연기'일 수 있다는 개념은 분명 납득이 가지만 동시에 심오한 의미를 지닌 낯선 개념이었다.


##  물질주의라는 미신

린포체는 수강생들을 둘러보며 이렇게 말했다. "두 번째 진리는 불만족이 집착과 분노, 왜곡된 신념에서 생긴다고 말합니다. 여기서 왜곡된 신념이란 우리가 행복하거나 불행한 것은 외부의 어떤 것 때문이라고 믿는 신념을 말합니다. 하지만, 스스로 잘 생각해 보세요. 행복이나 불행은 바깥에서 오는 게 아닙니다." 린포체는 "바로 여기에서 오지요."라고 말하며 가슴에 손을 얹었다.

"사람들은 대부분 행복해지려면 외부의 조건을 바꿔야 한다고 생각합니다. 집과 자동차, 남자 친구나 여자 친구 같은 조건들 말입니다. 하지만, 이런 생각이 왜 현실로 이루어지지 않는지 여러분도 모두 알고 있지 않습니까? 우리가 그렇게 많은 시간과 노력을 들여 바꾸려는 외부의 조건들은 사실 그 자체로는 아무런 고정된 성질이나 특성이 있지 않습니다. 우리가 '좋다'라고 여기는 것은 실은 우리 마음이 만들어낸 투영에 불과합니다. 그런데 우리의 마음은 늘 이리저리 뛰어다니고 끊임없이 변하기 때문에 한때 좋다고 여겼던 대상도 어느새 싫어지거나 시시해지는 것이지요."

린포체가 뒤로 기대며 장난기 가득한 미소로 말을 이었다. "여러분은 미신을 믿습니까? 저는 이 질문을 좋아합니다." 린포체의 눈이 반짝였다. "그러면 사람들은 보통 절대 아니라고 대답하죠. 사다리 밑을 당당하게 통과하고 검은 고양이를 좋아하고 화장실에 금이 간 거울이 있어도 걱정하지 않습니다. 대부분 이렇게 말합니다." 그의 웃음은 전염성이 있었다. "그런데 미신이라는 게 뭘까요? 금이 간 거울과 같은 특정 원인과 결과를 잘못 연관 짓는 게 아니겠습니까? 그렇기 때문에 저는 서양 사람들이 세상에서 제일 미신적인 사람들이라고 생각합니다! 그들은 존재하지 않는 상관관계를 믿습니다. 전혀 상관없는 외부와 내부에 있는 것을 연결 지으려 하죠."

"이렇듯 우리는 더 이상 착각 속에 머물 필요가 없습니다. 사성제의 세 번째 진리는 우리가 불만족을 완전히 없애기 전까지는 계속해서 불만족을 경험하게 된다고 말합니다. 그리고 네 번째 진리는 그로부터 벗어나는 구체적인 길을 제시하죠."

"이것은 정말 중요한 주제입니다. 앞으로 몇 주에 걸쳐 이 주제를 중심으로 수업을 진행하겠습니다. 이제 여러분도 깨달으셨겠지만, 우리의 마음이 바로 주인공입니다. 행복과 불행의 원인이 모두 마음에서 비롯되기 때문이지요. 우리가 현실이라고 여기는 것조차 마음에서 비롯된 인식의 결과입니다. 그래서 불교는 외부 조건을 바꾸기보다는, 마음을 바꾸라고 가르칩니다."

린포체가 방 안을 천천히 둘러보았을 때, 모두가 그의 쾌활함과 지혜에 깊이 공감하고 있는 듯했다.

"한번은 누군가 부처님에게 가르침의 핵심이 무엇인지 물었습니다. 부처님은 이렇게 대답했습니다. 악을 행하지 말고, 선을 행하며, 마음을 정화하라."

"'악을 행하지 말고, 선을 행하라.'라는 가르침은 이미 익숙하실 겁니다. 이는 모든 위대한 종교에서 공통으로 말하는 보편적 진리입니다. 그러나 부처님께서 마음을 정화하라고 한 것은, 명상을 통한 수행을 의미한 것입니다."

"표면적으로 봤을 때, 마음을 정화하라는 말은 아주 좋은 말 같습니다. 마음의 고요를 바라지 않는 사람이 누가 있겠습니까? 사성제를 깊이 이해하고 나면 명상에는 교통 체증 속에서도 차분해질 수 있는 능력 이상의 가치가 담겨있다는 것을 알게 되실 겁니다. 오랜 시간 제대로 명상 훈련을 하다 보면 현실을 해석하는 전체적인 관점이 달라집니다. 행복하기 위해 특정 환경이나 사람이 필요하다고 믿는 미신에서 벗어나 우리의 참모습을 찾도록 도와 줄 겁니다."

"유리잔에 흙탕물을 붓고 가만히 기다리면 흙은 밑으로 가라앉고 윗부분에는 깨끗한 물만 남습니다. 명상의 원리가 바로 이와 같습니다." 린포체는 잠시 말을 멈추고는 자애로운 미소를 지었다. "결국 우리는 깨닫게 될 겁니다. 마음의 본성은 맑은 정신과 알아차림, 지복 외에는 다른 것이 없다는 것을요."

3장

명상을 습관으로
만드는 일

우리는 습관의 산물이다.

– 아리스토텔레스 Aristotle

글리브 스트리트 곰파에서의 첫날, 린포체의 첫 수업은 명상 수행에 관한 것이었다. 불교에서는 다른 교리들과 마찬가지로 명상을 아주 실용적인 관점으로 접근한다. 명상은 2천 년 넘게 최고의 요가 수행자들이 성공적으로 실천해 온 수행법으로 임의성이 전혀 없으며 요행이나 우연에 기대지 않는다.

3장을 읽으면서 수행법이 너무 단순해서 오히려 놀랄 수도 있다. 이때 '이해하는 건 어렵지 않다.'라는 린포체의 말을 떠올려 보라. 진정으로 어려운 것은 실천이다. 달라이 라마는 이렇게 말했다. "깨달음의 성 The City of Enlightenment 에 대해 들었을 때는 그곳에 이르기가 아주 쉬워 보이지요. 하지만, 막상 실천하려고 하면 매우 어렵다는 것을 알게 될 겁니다. 아는 것과 실천하는 것 사이에는 바로 이런 괴리가 있습니다."

## ✿ 즐거운 인내

최첨단 운동 기구가 있어도 직접 사용하지 않으면 원하는 몸매를 얻을 수 없다. 마찬가지로 아무리 최고 스승의 지혜를 알고 있어도 그것을 실천하지 않으면 아무런 소용이 없다.

티베트어에는 명상을 설명하기에 더없이 적절한 단어가 있다. 이는 대략 '즐거운 인내'로 옮길 수 있다. 마음을 단련해야 하는데 침대에서 일어나기 싫을 때 떠올리면 특히 좋은 말이다. 운동을 즐기는 사람이라면 금세 고개를 끄덕일 만한 표현이기도 하다.

그렇다면 '맑은 정신'과 '알아차림'이라는 단순한 상태에 이르기 위해 왜 이토록 큰 노력을 해야 할까? 이미 익숙해져 버린 오랜 습관을 거슬러야 하기 때문이다. 우리는 너무도 오랫동안 머릿속에서 끊임없이 몰아치는 생각의 파도를 맞으며 살아왔다. 이제는 그와는 전혀 다른 길을 선택해야 한다. 매 순간 우리 안에서 일어나는 터무니없는 생각의 장난을 가까이서 지켜볼 수 있어야 비로소 마음 자체에 집중할 수 있다. 그것이 유일한 길이다. 그래야 우리는 마음속에 '광인'이 있었음을 발견할 수 있다.

원숭이처럼 길길이 날뛰는 마음을 길들이는 일은 무기력해진 중년 남성이 젊은 시절의 체력을 되찾기 위해 러닝머신 위를 달리는 것과 같다. 힘든 이유는 분명하다. 그 과정이 낯설기 때문이다. 오랜 시간 쌓아 온 나쁜 습관과 자제력 부족의 결과를 고스란히 마주해야 하기 때문이다. 게다가 존재조차 몰랐던 마음의 근력을 갑자기 사용하니 차라리 깔끔하게 포기하고 넘쳐나는 환상과 일관성 없는 단상이 가득한 내면의 수다를 즐기는 편이 더 낫지 않을까 싶기도 할 것이다.

하지만, 장기적으로 본다면 대답은 '아니요.'이다. 건강한 은퇴자가 건강하지 못한 사람보다 더 나은 삶을 누리듯, 마음에 평온함이 깃든 이의 삶은 불안함에 흔들리는 이의 삶과는 비교도 되지 않는다.

그렇다면 명상하는 데에는 구체적으로 무엇이 필요할까?

## 🪷 칠지좌법 명상 자세 The Seven-point Meditation Posture

먼저, 집중하기 가장 좋은 자세를 취하는 게 중요하다. 몸과 마음은 서로 의존적인 관계이다. 따라서 적절한 자세를 취하면 마음은 자연스레 차분하고 안정적으로 변한다. 이 자세는 전통적으로 전해져 온 위대한 지혜로 다음 7가지로 정리해 볼 수 있다.

- 양반다리로 앉는다. 결가부좌나 반가부좌 자세가 편하지 않다면 무리하게 시도하지 않는다. 척추가 곧게 펴지도록 쿠션을 받은 상태로 앉는 정도면 충분하다. 바닥이 불편하면 의자에 앉아도 된다.
- 왼손 위에 오른손을 포개어 조개껍질 모양처럼 양 엄지 끝을 맞댄 뒤, 허벅지 위에 가볍게 둔다. 이상적인 위치는 양 엄지 끝이 배꼽 높이에 오도록 하는 것이다.
- 허리를 곧게 유지하는 것이 무엇보다 중요하다. 허리가 중추 신경계에서 담당하는 핵심적 역할을 생각하면 올바른 자세는 곧 허리를 펴는 데서 시작된다. 불교에서는 등을 곧게 세우면 몸 전체를 흐르며 의식을 지탱하는 미세한 기운을 더 잘 알아차릴 수 있다고 본다.
- 입과 턱, 혀는 너무 느슨하지도, 힘을 주지도 않고 편안하게 두어야 한다. 이때, 혀끝을 윗니 뒤에 두면 침의 양을 조절하기 쉽다.
- 머리는 약간 앞으로 기울인다. 졸릴 정도로 너무 많이 숙이지 않도록 한다.
- 눈은 반쯤 감거나 앞에 있는 바닥을 흐릿하게 응시한다. 눈을 감는 게 편하다면 눈을 감되 너무 꽉 감지 않도록 한다.
- 어깨는 수평을 유지하고 두 팔은 편안하게 벌린 채로 공기가 몸 주위를 순환할 수 있게 한다.

## 🪷 목표 설정

명상 쿠션 위에 자세를 잡았다면 이제 무엇을 할까? 새로운 사업을 성공적으로 시작하려면 분명한 목표가 있어야 하듯 명상을 시작할 때도 목표를 명확하게 떠올려야 한다.

초급자에게는 다음과 같은 목표가 좋다.

명상을 통해
더 차분하고 편안한 마음을 얻을 것이다.
모든 일을 더 효율적이고 더 행복하게 하기 위해서,
나뿐 아니라 다른 사람을 위해서,
명상을 할 것이다.

이 목표는 어떻게 이룰 것인가? 마음을 고요히 가라앉혔을 때 드러나는 너른 여유로움을 경험하는 과정에서 자연스레 이룰 것이다.

## 🪷 명상의 대상

자세와 마음가짐이 준비되었다면 다음 단계는 명상의 대상을 정하는 일이다. 만트라Mantra, 진언나 특정 사물 등 여러 가지를 대상으로 삼을 수 있지만 그 가운데 가장 보편적이고 기본이 되는 연습 대상은 호흡이다.

호흡을 대상으로 하는 명상, 즉 호흡 명상에는 이루 헤아릴 수없이 많은 장점이 있다. 예를 들어, 만트라 명상은 극심한 스트레스 상황에서 만트라가 기억나지 않을 수 있고 사물 명상은 그 사물이 필요할 때 곁에 없을 수도 있다. 하지만, 호흡 명상은 언제 어디서든 할 수 있다. 게다가 단순히 호흡에 집중하는 행위만으로도 몸 전체에 효과가 뚜렷이 나타난다. 보통 호흡에 집중하다 보면 자연스레 호흡이 느려지는데 이는 일련의 생리적 반응을 끌어내 마음을 더욱 차분하고 이완된 상태로 이끈다. 명상의 심리적·생리적 효과는 다음 장에서 자세히 설명할 것이다. 지금은 호흡 명상법 두 가지를 소개하고자 한다. 두 방법 모두 마음을 오롯이 명상의 대상에 집중하게 하는 것이 목표이다.

## 명상 기법 1: 호흡 세기 Breath Counting Meditation

이 명상의 요점은 숨을 내쉴 때마다 마음속으로 숫자를 세는 것이다. 보통 열 번까지 센 다음 다시 처음부터 반복한다.

감시병이 된 것처럼 코끝에 의식을 집중하고 들숨과 날숨의 흐름을 관찰하라. 날숨에 마음속으로 숫자를 센다. 첫 날숨에 '하나', 두 번째 날숨에 '둘', 그다음은 '셋'……. 이때, 폐로 나오는 공기나 갈비뼈의 움직임에 신경을 쓰지 않도록 한다. 코끝을 제외한 다른 곳에 정신을 뺏기면 안 된다. 그리고 잠들지 않도록 주의해야 한다.

쉽지 않겠지만 시도해 보자!

곧 당신은 수많은 생각들이 몰려드는 경험을 하게 될 것이다. 십중팔구 그 생각들에 휩쓸려 열까지 세기도 전에 집중이 흐트러질 것이다. 하지만, 그건 누구나 겪게 되는 거친 감정의 소용돌이다. 그 소용돌이에 빠져 명상의 대상을 놓쳤다면 주저하지 말고 처음부터 다시 시작하면 된다. 집중하지 못했다고 해서 자신을 책망하지 마라. '나는 이런 괴상한 명상과는 맞지 않아.'라고 포기하지도 마라. 우리의 마음은 수련을 회피하기 위해 끝없이 교묘한 핑계를 만들어낸다. 그 모든 속임수에 절대 속으면 안 된다.

처음부터 감정의 소용돌이가 거세게 몰아친다면 억지로 열까지 세려 애쓰지 말고 우선 넷까지만 세어 보는 것이 좋다. 여기에 익숙해지면 점차 숫자를 늘려 일곱까지 세어 보는 것이다. 나 역시 처음 명상을 시작했을 때 그랬다. 첫 몇 달 동안은 10분씩 넷까지만 세는 연습을 꾸준히 이어갔다. 이 연습은 언뜻 단순해 보이지만 효과는 실로 놀랍다.

일단 집중력이 향상되면 호흡 감각은 더욱 예리해질 것이다. 그러면 들숨의 시작되는 지점뿐 아니라 과정과 끝맺음까지 알아차릴 수 있게 된다. 심지어 날숨이 시작되기 전의 미세한 빈틈마저도 인식하게 된다. 이어서 날숨의 시작과 전개 그리고 사라지는 마지막 순간까지 또렷하게 의식하게 된다. 날숨이 끝난 뒤 찾아오는 고요한 틈은 더욱 분명해진다. 이렇게 명상에 점점 더 깊이 들어갈수록 호흡은 저절로 느려지고 들숨과 날숨 사이의 간격 또한 뚜렷하게 드러난다. 그 순간, 우리는 무엇에 집중해야 할까? 바로 '호흡의 부재'이다. 다소 소박한 목표처럼 들릴지도 모른다. 하지만, 이 단순한 연습은 깊은 평온을 불러올 뿐 아니라 불교의 핵심 지혜로 우리를 이끌어 준다.

## 🪷 명상 기법 2: 아홉 순환 호흡 명상 Nine-Cycle Breath Meditation

호흡에 집중하는 또 다른 명상 기법이 있다. 먼저 세 번 숨 쉬는 동안 들숨에는 왼쪽 콧구멍, 날숨에는 오른쪽 콧구멍에 집중해 본다. 그다음 세 번은 반대로 들숨에 오른쪽 콧구멍, 날숨에 왼쪽 콧구멍에 집중한다. 마지막 세 번은 양쪽 콧구멍을 동시에 의식하며 들이쉬고 내쉰다.

이 기법은 앞서 소개한 방법보다 더 역동적이기 때문에 더 쉽게 집중할 수 있다. 하지만, 핵심은 같다. 호흡에 온전히 집중하면서 들숨과 날숨의 흐름, 그리고 그 사이의 고요한 틈까지 관찰하며 집중력을 기르는 것이 목표다.

여기서 중요한 것은 오른쪽이나 왼쪽 콧구멍으로 숨을 쉬는 물리적 동작이 아니다. 핵심은 매 호흡 과정을 오롯이 의식하고 그 흐름에 온전히 집중하는 것이다.

## 🪷 마음 챙김과 알아차림

이 길은 당신 안에 있는
가장 내밀한 집 속으로 들어가는 길이다.
눈을 감고, 항복하라.

– 루미Rumi, 수피Sufi, 이슬람 신비주의를 따르는 사람 시인

명상 수행의 초기에 우리가 마주하게 되는 두 가지 큰 장애물이 있다.

바로 '산란'들뜸과 '혼침'이다. 격한 감정의 소용돌이에 휩쓸리면 명상의 대상을 완전히 놓치게 되므로, 말을 잘 듣지 않는 아이를 다루듯 부드럽지만 단호하게 마음을 끌고 와야 한다. 반대로 감정의 동요가 크지 않아 어느 정도 집중은 하고 있으나 더 깊어지지 않을 때는 다양한 형태의 산란을 경험한다. 산란은 집중을 완전히 가로막는 거센 자극에서부터 그보다 가벼운 소란에 이르기까지 여러 모습으로 나타난다. 반면, 혼침에 빠지면 졸음이 몰려온다. 명상 대상에 집중하기는커녕 그대로 잠들 수도 있다.

이 두 가지 방해에서 벗어나는 데 도움이 되는 도구가 있다. 첫 번째는 마음 챙김 Mindfulness 이다. 마음 챙김이란 명상의 대상을 계속 마음에 간직하고 집중이 흐트러지지 않도록 지켜내는 능력을 말한다. 두 번째는 알아차림 Awareness 으로 우리의 마음이 실제로 어떤 상태에 있는지 주의 깊게 살펴보는 것을 뜻한다. 마치 그림자처럼 조용히 따라다니며, 상황을 감시하는 스파이처럼 흐름과 변화를 지켜보는 것이다.

이 가르침을 처음 들었을 때는 린포체가 괜히 말을 어렵게 만들었다고 생각했다. 집중, 마음 챙김, 알아차림이라니, 전부 비슷한 말처럼 들렸다. 실제로 처음에는 그렇게 느껴질 수 있다. 하지만, 명상을 직접 수행해 보기 시작하면 이 개념들 사이에 분명한 차이가 있음을 몸소 체험하게 된다. 그리고 겉으로 보기엔 사소해 보일지라도 이 차이를 구분할 수 있어야 진짜 발전이 시작된다. 마음 챙김과 알아차림이 출발점임을 이해하면 비로소 명상 수행에 그 개념들을 적용할 수 있게 되고 그때부터 명상가로서의 길이 열린다.

# 🪷 명상을 마무리하기

명상을 시작할 때 분명한 목표가 있으면 좋은 것처럼 마무리할 때도 목표를 되새기면 좋다. 그렇게 함으로써 다음 명상을 더 잘 준비할 수 있다. 아래는 마무리할 때 유용하게 활용할 수 있는 서원이다.

이 수행으로
내 마음은 더욱 고요하고 맑아집니다.
내가 행하는 모든 것을
더 생산적이고 행복하게 하기를.
이 모든 공덕이
나와 모든 존재의 평화를 위함이길 바랍니다.

# 🪷 명상의 진짜 효과를 경험하는 법

명상의 기본 틀은 쉽게 이해할 수 있다. 하지만, 명상이 정말로 우리 삶에 긍정적인 영향을 미칠까? 그것을 어떻게 확신할 수 있을까?

### 명상을 습관화하라

우리의 몸은 습관의 산물이다. 각자에게는 고유한 생체 리듬이 있다. 중요한 것은 그 리듬을 무시하지 않고 잘 맞춰나가는 것이다. 따라서 하루 중 명상하기 좋은 시간을 찾아 시간을 지키는 것이 매우 중요하다.

내가 아는 명상가 중 오랜 시간 명상을 해온 사람들은 하루를 명상으로 시작한다. 아침 시간 명상은 들뜸과 혼침의 방해를 덜 받는다. 나 역시 일어나 샤워를 한 뒤 잠시 세상과 단절하는 시간을 갖는 것이 일상이 되었다. 이는 많은 불교도들이 따르는 일과이기도 하다.

어쩌면 출근을 일찍 하거나 돌봐야 할 아이가 있을 수도 있다. 그럴 때는 평소보다 15분만 일찍 일어나 명상을 해 보자. 삶이 달라질 것이다. 물론 방해받지 않는 조용한 공간에서 홀로 연습하는 것이 두말할 필요도 없이 가장 좋다.

내가 좋아하는 비유가 하나 있다. 만약 당신이 막대 두 개를 문질러 불을 피우려 한다고 하자. 막대를 잠시 비볐다가 포기하고 식어버린 뒤에 다시 시도하는 방식으로는 절대 불을 붙일 수 없다. 꾸준함이 필수다. 마찬가지로 명상의 진짜 효과를 보고 싶다면 명상을 일과 속에 포함해야 한다. 시간이 날 때만 하는 임시방편이 되어서는 안 된다. 주말에 몰아서 두 시간 명상하는 것보다 매일 10분씩 꾸준히 실천하는 편이 훨씬 낫다.

만약 당신이 통제할 수 없는 어떤 것 때문에 방해받는다면 그냥 마음을 가라앉히고 목표를 되새긴 뒤 다시 처음부터 시작하면 된다.

그리고 혹시 명상을 빠뜨렸다면? 괜찮다. 그렇다고 다음 날 그만큼 더 오래 명상할 필요도 없다. 물론 무리가 되지 않은 선에서 명상을 조금 더 해도 좋다. 그러나 무엇보다 중요한 것은 명상이 매일의 삶 속에서 즐거운 습관으로 자리 잡는 것이다.

## 기대를 관리하라

달라이 라마는 이렇게 말했다. "명상 수행에서 가장 흔한 실수는 빠른 결과를 기대하는 것입니다. 서둘러 깨달음을 얻으려 조급하게 방법을 찾기보다 묵묵히 수행을 이어가는 것이 훨씬 현명합니다."

유명한 영화배우들처럼 탄탄한 몸을 만들려면 수년간의 집중적인 운동이 필요하다는 데 누구나 동의할 것이다. 마찬가지로 잠깐의 마음 훈련만으로 달라이 라마의 경지에 이를 수는 없다. 물론 대부분의 사람은 불끈불끈한 이두박근이나 빨래판 복근까지는 바라지 않는다. 그저 조금 더 튼튼하고 건강한 자신을 원할 뿐이다. 명상도 마찬가지다. 최종 목표가 깨달음이라 하더라도 단기적인 목표는 더 현실적이어야 한다. 이를테면 마음의 동요가 줄거나 이전보다 깊은 만족을 맛보는 정도면 충분하다.

그렇다면 기간은 어떨까? 시간은 오래 투자할수록 좋다. 마음의 진정한 변화는 혁명적인 과정이 아니라 진화적인 과정이기 때문이다. 오랜 시간 몸에 배어있던 부정적인 습관을 뿌리 뽑으려면 시간이 한참 걸린다. 하지만, 꾸준히 한다면 반드시 진보하게 될 것이다. 매일 에어로빅을 하면 심혈관계를 개선할 수 있는 것과 같은 이치이다. 물론 조금도 나아지지 않은 것처럼 느껴질 때도 있다. 잡념 없이 명상을 잘 마쳤는데도 마음이 미친 원숭이처럼, 아니 약을 먹은 것처럼 날뛰는 상태가 될 수 있다. 그럴 땐 너무 신경 쓰지 말고 기대를 내려놓아라. 명상은 주식 투자와 같다. 단기적으로 보면 오르내림이 있기 마련이다.

하지만, 장기적으로 보면 시간이 흐른 뒤에 더 깊은 변화를 경험할 것이다. 거칠게 요동치던 감정도 언제 그랬냐는 듯 희미해지는 순간이 온다. 불교 스승 샨티데바는 이렇게 말했다.

무엇이든 익숙해지면 쉽지 않은 일이 없다.

깨달음은 대학 졸업장처럼 턱 하니 눈에 드러나지 않는다. 깨달음은 우리가 선택할 수 있는 가장 의미 있는 변화의 여정이자 끊임없는 과정이다.

## 수행을 통합하라

불교에는 명상에 관한 흥미로운 정의가 있다. 바로 '마음에 덕을 길들이는 것'이라는 정의다. 여기서 중요한 것은 명상이 단순히 명상용 방석 위에서 시작되고 끝나는 행위가 아니라는 것이다. 마음 챙김과 알아차림은 일상 활동 속에 스며들어야 한다. 우리의 모든 일상이 궁극적으로 하나의 명상이 되어야 한다.

'알아차림'을 하다 보면 우리가 놀랄 정도로 생각 없이 습관적으로 일상생활을 한다는 사실이 드러난다. 텔레비전 앞에 앉아 제일 좋아하는 음식을 먹는다고 하자. 처음에는 맛을 느끼고 음미하며 몇 입을 먹는다. 하지만, 얼마 지나지 않아 화면에 나온 뉴스에 정신을 빼앗기고 만다. 남은 음식에 집중하지 않는다. 먹는 것은 기계적인 행위가 되어 버리고 마음은 딴 곳에 가 있게 된다. 더 우려스러운 점은 텔레비전을 보는 경우가 아니더라도 늘 이렇게 행동한다는 것이다!

다른 활동을 할 때도 이와 같은 현상이 비일비재하게 일어난다. 아름다운 아침 출근길을 걷고 있는 상황에서 보통은 얼굴에 내려앉은 태양의 온기를 즐기는 대신 나중에 있을 회의를 걱정하느라 잔뜩 긴장한다. 주말이 끝나갈 무렵 찾아오는 무기력감도 마찬가지다. 사람들은 다가올

한 주의 일을 떠올리며 예민해지거나 우울해지고 결국 남은 주말을 온전히 즐기지 못한 채 소중한 여가 시간을 흘려보내곤 한다.

우리의 육체는 그 자리에 있지만 정작 주변에서 벌어지는 일들을 제대로 경험하지 못할 때가 아주 많다. 진부한 표현을 빌리자면 이는 마치 불은 켜져 있는데 집 안에 아무도 없는 상황과 같다. 우리의 정신은 그 자리에 머물지 못할뿐더러 그 순간을 온전히 살아내지도 못한다.

초보 승려가 나이가 아주 많은 수행자에게 질문했다. "깨달은 자로서 무엇을 하십니까?"

그 물음에 수행자는 잠시 뜸을 들인 뒤 이렇게 대답했다. "걷고, 먹고, 잠을 잔다네."

초보 승려는 당황했다. "하지만, 저도 걷고, 먹고, 잠을 자는데요?"

"그렇지." 수행자는 미소를 지으며 말했다. "하지만, 나는 걸을 때는 걷고, 먹을 때는 먹고, 잘 때는 잠만 잔다네."

일부 불교 스승들은 제자들에게 마음 챙김 수행을 시작할 때 반드시 이 질문을 던져 보라고 강조한다. "지금, 나는 무슨 생각을 하고 있는가?" 이 짧은 물음을 매일 불시에 던지다 보면 마음 챙김을 기르는 데 놀라울 만큼 도움이 된다. 물론 분석하거나 되짚어보는 일과 미래를 계획하거나 효율을 높이려는 노력의 중요성을 부정할 수는 없다. 하지만, 실제로 우리는 너무 많은 시간을 쓸데없는 생각들에 휘말려 보낸다. 그런 생각들은 방향이 없으며 불안감과 스트레스 지수만 높인다. 현재의 활동에 온전히 집중하고 깊이 경험할 수 있다면 우리의 삶은 훨씬 더 나아지지 않을까? 첫 숟가락만이 아니라 음식 전체를 음미하며 먹을 수 있다면 얼마나 좋을까?

# 🪷 명상의 이로움

〈람림〉은 자신의 마음을 잘 다스리기 위해서 명상이 필수라고 가르친다. 마음 챙김과 알아차림을 하면 할수록 집착과 분노, 왜곡된 인식을 더 쉽게 벗어버릴 수 있다.

명상을 하다 보면 깨달음 같은 큰 목표를 생각하기도 전에 이미 마음과 삶에 좋은 변화가 나타나기 시작한다. 호흡 세기 명상이 내 삶 전체에 얼마나 도움이 되었는지, 얼마나 상상도 못 할 방식으로 다가왔는지, 그 이야기를 이후 장에서 자세히 전하려 한다. 또 이 장의 후반부에서는 하나의 특별한 치유 사례를 함께 나눌 것이다. 사실 어느 명상 센터나 불교 센터를 가보아도 명상이 삶에 어떤 도움을 주었는지를 어렵지 않게 들을 수 있다. 그 내용은 평범한 일상의 소소한 변화에서부터 깊은 내적 전환에 이르기까지 정말로 다양하다.

명상이 신체에 미치는 긍정적 효과는 상대적으로 잘 알려지지 않았지만 몸의 세포 단위에까지 영향을 미친다는 사실이 조금씩 확인되고 있다. 이런 몸과 마음의 통합에 관한 연구는 초월 명상Transcendental Meditation, TM 수행자들을 대상으로 많이 이루어졌다. 이는 초월 명상이 미국에서 널리 퍼져 있어 표본을 쉽게 추출할 수 있는 모집단이 형성되어 있기 때문이다. 초월 명상은 만트라를 암송하는 수행법으로 티베트 불교의 명상 방식과 유사하다.

UCLA의 생리학자 R. 키스 윌리스R. Keith Wallace 에 따르면, 초월 명상을 꾸준히 실천한 사람들은 생물학적 나이가 실제 나이보다 평균 5년 정도 더 젊게 나타났다. 명상을 최대 5년 동안 수행하면 평균 5세, 5년 이상 수행하면 평균 12세 더 젊은 것으로 확인되었다. 또 다른 연구에서는 나이가 들수록 감소하는 호르몬인 DHEA 수치가 명상 수행자에게서 더 높게 나타났는데 이는 실제 나이보다 10-12세 어린 사람들과 비슷한 수준이었다. 아마도 불교 승려들이 실제 나이보다 젊어 보이는 이유가 여기에 있을지도 모른다.

위스콘신-매디슨 대학교의 리처드 데이비슨Richard Davidson 교수가 이끄는 정서 신경과학 연구소는 8주간의 불교 명상 프로그램이 뇌에 미치는 효과를 연구했다. 그 결과, 참가자들의 좌측 전두엽 피질에서 뚜렷한 활성화가 관찰되었는데 이는 행복감과 이완 상태와 관련된 부위이다. 반대로 우측 전두엽 피질은 스트레스, 분노, 우울감과 연관된다. 이 연구가 2002년 5월에 발표되자 주요 언론들은 "정말로 우리는 행복을 훈련할 수 있는가?"라는 놀라움 섞인 질문을 던졌다.

과학이 명상의 효과를 점점 더 밝혀낸다면 그 이점도 한층 구체적으로 드러나고 정리될 것이다. 물론 지금도 이미 효과를 입증하는 독립 연구는 충분히 있다.

하지만, 명상을 직접 수행하는 이들에게 과학의 최신 발견은 반갑긴 해도 본질적으로는 부차적인 문제다. 더운 날 아이스크림의 맛을 설명하려 할 때 굳이 과학적 데이터를 들이밀 필요가 없는 것과 같다. 마찬가지로, 명상의 이점을 설명하려고 과학적 방법론을 들이댈 필요가 없다. 이 엄청난 수행을 직접 경험해보는 것. 그것이야말로 가장 강력한 설득 방식이다.

# 🪷 세상을 더 분명하게 보기

이것은 지금, 이 순간의 알아차림이다.

간단하고, 자연스러우며 명확하다.

어찌하여 마음이 무엇인지 모르겠다고 말하는가?

생각이란 공空이다.

그저 영원하고 맑은 의식만 있을 뿐.

— 파드마삼바바Padma Sambhava

나는 글리브 스트리트 곰파에서 무엇을 배우는지도 모른 채 첫 수업에 참석했다. 그리고 그 경험은 생각보다 훨씬 도전적이었다. 그렇다, 바로 명상에 대해 배우기 시작한 것이었다. 린포체는 내가 전혀 생각해 보지 못한 다른 문제를 인식하게 했다. 예전이었다면 누군가가 내가 마음을 다스리지 못한다고 말했을 때 격렬한 분노에 휩싸였을 것이다.

하지만, 이제 보니 깨달음에 이르려면 한참 먼 것이 분명했다. 그리고 우리가 경험하는 현실은 실재라기보다 마음이 비춰 낸 투영에 훨씬 더 가깝다는 린포체의 말은 분명한 진실이었다. 그리고 내가 원한다고 해서 마음속 투영이 쉽사리 바뀌지 않으리란 것도 깨달았다.

그리고 나는 아주 현실적인 문제에 부딪혔다. 명상은 도대체 언제 해야 하는가의 문제이다. 나는 매일 아침 7시에 일어난다. 눈을 뜨자마자 샤워하고, 옷을 입고, 시리얼을 허겁지겁 먹은 뒤 바로 클라팜 정션역으로 향한다. 열차에 몸을 실으면 그때부터 하루가 시작된다. 내 하루는 늘 숨 가쁘다. 보도 자료를 뿌리고, 기자들을 쫓아다니고, 고객을 만나고,

신규 사업 발표를 준비하는 일들이 쉴 새 없이 이어진다. 모든 일정을 마치고 집에 돌아오면 보통 저녁 7시 30분. 늦으면 8시를 훌쩍 넘길 때도 많다. 온몸에 피로와 스트레스가 밴 채로 아내와 와인을 나누고, 저녁을 만들거나 외식하고, 다시 TV 앞에 털썩 주저앉는다. 그렇게 한두 시간 멍하니 있다가 그대로 쓰러져 잠든다. 그리고 나면 다음 날 아침. 똑같은 일상이 다시 시작된다.

어렵지만 아침 7시 전에 일어나는 것이 가장 현실적인 대안이었다. 알람을 6시 50분에 맞추고 잠자리에 들었다. 그렇게 명상을 시작할 준비가 되었다.

어색하고 낯설기만 했던 첫 주의 기억이 아직도 생생하다. 명상 중 마음이 어지러운 가장 큰 이유는 지나치게 자신을 의식하고 있어서였다. 린포체의 차분한 논리와 확신에 찬 가르침이 없었다면 온갖 의심에 휩싸였을 것이다. 호흡에 집중하는 것만으로 정말 변화가 일어날 수 있을까? 하루 10분 명상이 스트레스 가득한 12시간을 상쇄할 수 있다고? 혹시 내 소중한 시간을 허비하는 건 아닐까?

새로운 루틴에 익숙해지니 처음으로 우리 아파트가 꽤 시끄럽다는 사실을 자각하게 되었다. 우리 집은 히스로 공항의 항로 바로 아래에 있었다. 그래서인지 비행기의 윙윙거리는 소음이 거의 일 분에 한 번꼴로 들렸다. 우유 배달차의 덜컹거리는 소리와 청소차의 둔탁한 소음, 때때로 들리는 타이어 마찰음, 신호등 근처에서 출발하는 성난 엔진의 굉음까지 들려왔다.

이 모든 소리를 들으며 열까지 셀 엄두조차 나지 않았다. 명상을 하며 열까지 세는 일이란 나에게는 에베레스트산을 등반하는 일 같았다. 넷까지 세는 것도 장하다고 느껴질 정도였다.

명상에 집중할 수 있었던 날이라고 해서 무언가 성과를 내고 있다고 확신할 수 없었다. 그럼에도 최소한 몇 주는 더 이어가야겠다는 생각이 들었다. 사실 처음 시작했을 때부터 내 삶에 미세한 변화가 일고 있다는 감각은 분명히 있었다. 아침 명상을 한 날이면 그 사실만으로도 '오늘 하루 중 적어도 10분은 성공적이었다.'라는 긍정적인 성취감이 순간순간 마음속에 일었다. 여전히 평소처럼 스트레스에 시달리고 신경이 곤두서기도 했지만 그럴 때마다 '명상을 하면 다시 마음이 가라앉을 거'라는 생각을 떠올렸고 호흡에 집중하면서 아침에 느꼈던 그 고요함을 다시 불러올 수 있었다.

게다가 보완 의학 의사에게 받았던 다른 지시 사항을 함께 지키면서 즉각적이고 극적인 효과를 얻었다. 일주일 동안 커피와 술, 밀가루 음식을 끊고, 물을 마시면서 체내 독소를 씻어내려고 노력했다. 이런 노력으로 몇 개월 만에 처음으로 발진이 가라앉았다. 아예 하나도 올라오지 않았다. 그전에 방문했던 병원에서 처방받은 항히스타민제가 여전히 남아 있었지만 곧 필요 없어졌다.

사실 의사의 지시를 철저히 따르지도 않았다. 2주일 동안만 술과 빵을 끊었을 뿐이었다. 물론 커피는 6주 동안 마시지 않았다. 무리 없이 이 과제를 수행하는 동안 카페인 과민증에 대해 좀 알아보았다. 그리고 6주 후 커피를 한 잔 마셔보았다. 특유의 반응이 나타나나 지켜봤지만 전혀 나타나지 않았다. 몇 잔으로 늘려보았는데도 별 이상이 없었다. 그리고 항히스타민제는 아예 필요가 없어졌다.

이 경험을 통해 균형 잡힌 생활이 얼마나 중요한지 깨달았고 명상에 대한 확신은 더 강해졌다. 매일 빠짐없이 명상을 한 것은 아니지만 대부분의 날을 명상을 하며 보냈다. 그렇게 몇 주, 몇 달이 흐르면서 명상은 점점 내 생활의 일부가 되어갔다. 그리고 6개월이 지나자 명상 없는 삶은 상상할 수 없게 되었다.

명상으로 나는 새로운 시야를 갖게 되었고 시간이 흐르자 범위가 점점 확장되었다. 흙탕물이 가라앉는다는 린포체의 비유는 내게 깊은 인상을 남겼고 그 관점을 받아들이자 세상이 놀라울 만큼 또렷하게 보이기 시작했다.

작가의 꿈을 접었을 때, 나는 하던 일에 몰두하여 차라리 이곳에서 성공을 이루겠다고 다짐했었다. 전략 기획은 내가 가장 잘하는 일이었다. 하지만, 내 직장을 포함해 대부분의 에이전시는 근무자에게 하루 종일 기획만 하도록 두지 않는다. 간단히 말해, 대부분의 근무 시간을 기획 업무 외에 다른 활동을 하며 지내야 했다.

그러던 어느 날, 한 헤드헌터로부터 전략 기획을 중시하는 유력 회사에 괜찮은 연봉으로 이직해 보지 않겠느냐는 제안을 받았다. 그때 야망이 다시 불타올랐고 어쩌면 내 목표를 실현할 수 있을 것 같았다. 회사의 프로필도 나와 잘 맞아떨어졌다. 기회가 무궁무진했다. 어느 하나 빠지지 않는 헤드헌터의 제안이 너무 솔깃해서 의심이 들 정도였다.

그리고 의심은 곧 현실이 되었다.

새 일을 시작한 지 몇 주 만에 내가 끔찍한 실수를 저질렀음을 깨달았다. 내가 '전략 기획 과정'이라고 생각했던 업무는 회사의 입장과 전혀 달랐다. 게다가 새 회사의 문화는 이전 직장의 협력적인 분위기와는 정반대였다. 이곳에서 컨설턴트는 사무실에 상주해야 했고 아이디어는 공유하지 않았으며 전화할 때는 말이 새어나갈까 봐 문을 꼭 닫아야 했다. 그러던 중 임원 한 명과 개인적인 갈등이 생겼는데 그는 마치 내 인생을 최대한 불쾌하게 만들겠다고 작정한 사람처럼 보였다. 설상가상으로 입사한 지 얼마 되지 않아 회사는 편법을 썼다는 혐의로 신문 헤드라인을 장식했다.

그렇게 석 달이 지나고, 나는 결국 친구와 동료들에게 절대 하지 말라고 조언했던 일을 스스로 저지르고 말았다. 새 직장을 구하기도 전에 사표를 내고 회사를 떠난 것이다.

나는 무모하지만, 완전히 터무니없지만은 않은 계획이 하나 있었다. 당시 홍보 업계는 활황이었고 여러 인사 전문가와 이야기를 나눈 끝에 새로운 일을 시작할 수 있을 거란 확신이 들었다. 그동안 나는 몇 가지 프리랜서 업무 기회를 얻게 되었다.

이쯤 되면 이런 질문이 떠오를 만도 하다. 새롭게 얻었다던 맑은 정신과 자각의 힘은 다 어디로 갔느냐고. 내 경력이 벼랑 끝에 몰렸을 때, 그 명상이라는 건 무슨 소용이 있었느냐고. 그런데 놀랍게도, 이 모든 소란 속에서 나는 아주 침착했다. 이상하리만치 고요하고 심지어 편안하기까지 한 마음으로 꿈과 기대가 흩어져 가는 모습을 지켜볼 수 있게 되었다.

나는 나 자신을 특별히 강인하거나 참을성이 많은 사람이라고 생각하지 않는다. 하지만, 커리어에 잠재적인 위기를 불러온 이직에도 불구하고 내 마음은 생각보다 흔들리지 않았다. 어떤 면에서는 그 끔찍했던 사무실로 다시 돌아가지 않아도 되니 오히려 다행스러웠다. 하지만, 현실에서는 균형을 맞출 필요가 있었다. 대출금을 갚아야 했고 흔들리기 시작한 커리어를 다시 일으켜 세워야 했다. 앞날이 순탄할 것이란 기대도 언젠가는 정상에 오를 수 있을 거라는 야망도 내려놓아야 했다.

그리고 공교롭게도, 프리랜서 일로 매우 바빠졌다. 내가 했던 일이 꽤 전문성이 있는 일인지라 같은 분야의 컨설턴트를 많이 알고 있었다. 일단 프리랜서로 일을 시작하자 새로운 업무가 쏟아져 들어왔다. 예전 동료 몇몇이 에이전시가 맡기엔 규모가 작지만, 1인 컨설턴트에게는 알차고 의미 있는 업무를 소개해 주기 시작했다.

놀랍게도 몇 달 만에 직장에 다닐 때보다 더 많은 수입을 올렸다. 근무 시간은 줄었고 출퇴근 스트레스도 사라졌다. 몇 년 만에 처음으로 여유가 생겼고 직접 사장이 된 듯한 색다른 기분과 함께 이전에 없던 자유를 만끽했다.

더듬거리며 시작했던 명상이 새로운 시작의 직접적인 원인이 되었는지는 아직도 확신할 수 없다. 하지만, 분명한 건 명상 덕에 폭풍을 견뎠고 다른 방식으로 일하는 법을 발견했으며 예전에 없었던 크나큰 평정심을 경험했다는 사실이다.

이 새로운 관점 덕에 나는 아주 중요한 또 다른 발전을 이루었다. 완즈워스와 클래펌 커먼 공원에서 저녁 산책을 하며 낮에 있었던 일과 나의 삶 전반을 돌아볼 수 있는 시간을 얻었다. 그러다 문득 다시 글을 쓰고 싶어졌다.

사실, 미출간 원고를 완성하려는 생각은 없었다. 아무리 내가 글을 쓰지 않고는 견딜 수 없는 사람이라 해도 열 번의 좌절을 겪고 나니 다시 시작할 엄두가 나지 않았다. 그래서 이번엔 조금 다른 방향에서 글쓰기에 접근하고 싶어졌다.

몇 년 동안 언론은 여론 조작이라는 주제를 자주 다루었지만 그 실체를 제대로 아는 사람은 극히 드물었다. 몇몇 특별한 사건을 빼고는, 그 은밀한 세계의 주인공들이 누구인지, 또 그들이 언론과 얼마나 깊이 얽혀 있는지 거의 알려지지 않았다.

성인이 된 뒤 줄곧 홍보 업계에 몸담아 왔고, 특히 최근에는 부정행위의 혐의를 받고 있는 회사에서 일한 경험도 있다. 나는 내가 여론 조작 세계의 정보 공백을 잘 다룰 수 있을 것 같았다. 그건 내 인생에서 처음으로 찾아온, 일종의 통찰의 순간이었다. 이제는 굳이 출판사의 관심을 끌기 위해 새로운 장르나 이야기를 창작하지 않아도 될 것 같았다. 그리고 출판사의 변덕을 두고 이래저래 추측하는 데 힘을 쓸 필요도 없을 것 같았다. 내가 제일 잘 아는 것을 쓰면 될 것이었다.

이번에는 예전처럼 책 내용을 처음부터 끝까지 가만히 앉아 써 내려가지 않았다. 대신 샘플로 몇 장의 초안만 준비했고, 『The Invisible Persuaders 보이지 않는 설득자』라는 책 제목의 짧은 제안서를 작성했다. 그리고 출판 에이전트에게만 의존하다가 실망하고 싶지 않아, 비소설 분야 편집자 여섯 명 정도에게 직접 자료를 보냈다.

작업 방식을 바꾸자 마음가짐도 달라졌다. 이제는 제안서가 채택되든 그렇지 않든 크게 개의치 않았다. 물론 긍정적인 답변을 기다리긴 했지만 애초에 제안서에 큰 힘을 쏟지 않았기에 결과가 나빠도 실망하지 않을 것 같았다.

물론 이 주제가 시의적절할 뿐 아니라 내가 이 주제를 다룰 적임자라는 확신은 있었다. 하지만, 동시에 타이밍이 좋은지 이미 누군가가 그 틈을 파고들어 비슷한 주제로 출판 계약을 끝내 버린 건 아닌지 걱정도 들었다. 결국 시간이 지나야 해결 될 일이었다.

# 🪷 명상의 치유력

제안서를 쓰고 나서 열흘 정도 후에 전화가 한 통 왔다. 정말 묘한 우연의 일치로 최근 많이 떠올랐던 사람의 목소리였다. 글리브 스트리트 곰파를 다닌 후로 그녀의 안부가 자주 궁금했었다. 내 친구 마시 젠슨이 로스앤젤레스에서 전화를 건 것이었다. 마시는 우리 동네를 잠시 들를 계획이었다. 그녀와 만날 시간이 있을까?

며칠이 지나, 늘 묵던 사보이 호텔 스위트에서 지내던 마시를 다시 만났다. 마시는 나보다 꽤 나이가 많았다. 아내는 늘 '데이비드의 늙은 여자'라며 장난을 치곤했었다. 우리는 몇 년 전, 지인을 통해 처음 만났는데 첫 만남부터 잘 통했다.

지인 중에 불교 신자는 마시가 유일했다. 마시와 만나서 불교의 가르침에 관해 몇 시간동안 이야기를 나눈 적도 있었다. 그때 내 관심을 끌었던 이야기는 환생한 승려들과 예지력에 관한 것이었다. 하지만, 과거에 나눴던 모든 흥미로운 대화들은 불과 6개월 전의 사건으로 완전히 묻혀버렸다. 바로 마시가 유방암 진단을 받고 캘리포니아에 가게 된 것이다.

그 이후로 마시에게 연락하기가 어려웠다. 런던과 로스앤젤레스의 시차도 연락을 유지하기 힘들게 한 요인이었다. 게다가 마시는 이메일이나 팩스를 잘 이용하지 않았다. 그나마 전화로 연락이 닿았을 때는 언제나 타이밍이 좋지 않았다. 연락이 어려워짐과 동시에 걱정도 되었다. 그래서 마시가 런던에 스스로 왔다는 사실만으로 좋은 소식이 있을 것 같았다. 하지만, 한편으로는 긴 암투병 끝에 돌아가신 어머니를 떠올리며 큰 기대나 희망을 걸지 않는 편이 좋을 것도 같았다. 그날 저녁 나는 회사 행사에 참석해야 했던 아내를 두고 혼자서 그동안의 이야기를 들을 터였다.

내가 글리브 스트리트 곰파에 가게 된 건 순전히 마시가 티베트 불교를 믿고 있었기 때문이었다. 한때 유명했던 할리우드 배우의 아내였던 그녀는 벨에어 언덕에서, 이름만 대면 알 만한 스타들과 특이한 괴짜들 속에서 살았었다. 이를테면 벨에어는 뱃살을 감추려고 코르셋을 입었던 인기 배우나, 치즈와 샴페인만 먹고 살던 영국 귀족, 잉글리시 쉽독이 코르크 마개를 따도록 훈련하는 파리지앵 영화감독이 이웃으로 있는 곳이었다.

터무니없는 이야기를 수도 없이 알고 있던 이야기꾼 마시는 사람들 앞에서 이야기하는 것을 즐거워했다. 마시는 일 년에 적어도 두 번쯤 이 동네를 들르곤 했는데 그때마다 그녀를 만났다.

내게 석가모니 부처님의 생애에 관해 처음 이야기를 해 준 사람도 마시였다. "2,500년 전에 살았던 역사적인 인물, 부처님의 이름은 석가모니였어. 석가는 가족의 성姓이고 모니는 '뛰어난 자'라는 뜻이지. 하지만, 가족이 그에게 맨 처음 지어준 이름은 '싯다르타'였어. '소원 성취'라는 의미를 지닌 이름이었지."

싯다르타의 배경은 평범함과는 거리가 멀었다. 싯다르타는 기원전 624년에 오늘날의 네팔 일부 지역을 다스리던 왕족의 후예로 태어났다. 싯다르타 왕자의 어린 시절은 알려진 바가 거의 없지만, 학업과 운동에 모두 뛰어났던 인물로 추측된다. 16살의 나이로 어린 여성과 결혼해 곧바로 아들을 가졌다.

어린 시절과 청년 시절 내내, 싯다르타의 아버지는 아들이 인생의 어두운 면과 마주하지 않도록 철저히 보호했다. 이는 평범한 아버지의 보호 본능을 넘어서는 걱정이었다. 그 이유는 싯다르타가 태어날 무렵, 한 예언가가 아들이 고통스러운 현실을 보게 되면 출가할 것이라고 예언했기 때문이었다.

결과는 그대로 이루어졌다. 어느 날 싯다르타는 몰래 성 밖의 정원을 벗어나 늙음과 병, 죽음을 차례로 마주하게 된다. 바로 아버지가 온 힘을 다해 감추고 싶었던 삶의 진실들이었다. 그 여정의 끝에서 싯다르타는 한 수도승을 만나는데 수도승의 고요하고 성찰적인 삶에 깊은 감명을 받는다. 왕자는 자신도 수행자의 삶을 살고 싶다고 아버지에게 말했지만, 아버지는 강하게 반대하며 그가 절대 집을 떠나지 못하도록 군인을 시켜 24시간 감시했다.

그러나 결국 29세가 되던 해, 싯다르타는 가까스로 궁을 빠져나와 출가를 단행한다. 이후 6년간 수도승으로 이곳저곳을 떠돌아다니다 극단적인 금욕과 명상에 전념하게 된다. 이 시기 그는 음식을 거의 끊고 잠도 거부하며 피골이 상접한 상태에 이른다. 하지만, 곧 이런 금욕이 오히려 자신을 약하게 만들고 있다는 것을 깨닫고 마을 여인에게서 공양받은 음식을 먹고 근처 강에서 몸을 씻는다. 기운이 회복되자 싯다르타는 다시 명상에 돌입했다. 그리고 마침내 보리수나무 아래에서 깨달음을 얻고 '부처님'이 된다.

얼마 지나지 않아 그는 인도 바라나시 외곽의 사르나트 녹야원Deer Park of Sarnath에서 첫 설법을 한다. 그 가르침이 바로 사성제이다. 이후 부처님은 80세에 생을 마감하기까지 45년간 진리를 전하는 삶을 살았다.

석가모니의 삶에 대한 대략적인 이야기는 이쯤에서 마무리하자. 마시는 석가모니가 수많은 부처님 가운데 한 명일 뿐이라는 점을 유독 강조했다. 물론 석가모니는 그 가르침의 막대한 영향력으로 인해 '세계불World Buddha'로 여겨지지만, 그 이전에도 두 명의 세계불이 있었고 앞으로도 또 다른 부처님들이 나타날 것이라 전해진다. 여기서 중요한 것은 부처님으로 거듭났다고 해서 신이나 거룩한 성인이나 다시는 없을 특별한 존재가 되는 것이 아니란 점이다. 부처님은 오히려 우리 모두가 이룰 수 있는 살아 있는 본보기이다. 쾌락과 금욕이라는 두 극단을 피하고, 그 사이에서 중도를 실천함으로써 우리는 불성을 실현할 수 있다. 결국 깨달음은 누구에게나 열려 있으며 그것이 진정으로 우리가 도달해야 할 궁극적인 상태다. 만약 불성을 실현하게 된다면 우리는 무한한 방식으로 이타심을 발하는 존재로 도약하게 된다.

마시가 머무는 호텔에 도착해 문이 벌컥 열리는 순간, 단정한 회색 머리와 장난기 어린 갈색 눈, 양손 가득 패션 반지를 한 마시가 나타났다.

"여전하시군요!" 기쁨에 찬 목소리로 포옹했다.

"모습은 그대로지만, 완전히 달라졌지!" 마시는 이렇게 맞장구를 치며 나를 응접실로 안내했다. "샴페인?"

마시가 그녀가 제일 좋아하는 테탱저 샴페인이 담긴 얼음 통 쪽으로 손을 내밀었다.

"네, 고마워요. 제가 따를게요. 치료 때문에 그 좋아하는 샴페인을 싫어하게 되지 않아서 다행이네요."

"샴페인은 진리지, 알지?" 소파에 앉으며 마시가 말했다. 나는 두 개의 잔에 샴페인을 따라 하나를 마시에게 전한 후 소파에 앉았다. "당신의 건강을 위하여." 이번만큼은 특별한 건배였다.

"오! 난 완전히 괜찮아." 마시는 샴페인을 한 모금 마신 뒤 고개를 들며 이렇게 말했다.

"그러니까 치료는……."

"자 봐." 그녀는 머리카락을 집어 올리며 말했다. "다 내거야. 그리고 얘네들도 다 무사해."라고 말하며 장난스럽게 가슴을 불쑥 내밀었다.

같은 유방암인데도 우리 어머니와는 무척 대조적인 모습이었다. 어머니가 받았던 치료와 별다른 게 없었을 텐데도 말이다. 어머니의 경우 병자체에서 오는 고통보다 항암 화학 요법의 부작용 때문에 훨씬 고통스러워하셨다. 어머니는 유방 절제술 후 받은 화학 요법으로 머리카락이 빠지는 바람에 가발을 써야만 했다. 게다가 수개월 동안 메스꺼움과 수면 문제에 시달렸으며 얼굴은 백지장같이 창백했다. 이 모든 것을 감내해야만 했던 어머니를 곁에서 지켜보면서 나는 가슴이 무너져 내렸었다.

## 🪷 약사여래 Medicine Buddha 의 힘

마시는 슬리퍼를 툭 벗어놓고 다리를 접어 몸 아래로 말아 앉았다. 그러고는 암 진단을 받자마자 캐나다와 로스앤젤레스를 오가며 지내는 티베트 라마 스님에게 연락했다고 말을 꺼냈다. 마시는 이미 그 스님의 신통한 통찰력을 깊이 신뢰하고 있었기에 의사를 포함한 누구의 조언보다도 그의 말을 더 따랐다.

"의사들이 화학요법을 권한다고 스님께 말씀드렸어." 마시는 얼굴을 살짝 찡그리며 말을 이었다. "의사에게 물었지. 만약 수술이 성공적이지 못하면 어떻게 하냐고. 사실 수술이 두렵진 않았어. 유방 절제술이라 해도 말이야. 하지만, 의사는 암세포가 더 퍼지는 걸 막기 위해 화학요법이 필요하다고 했고 그걸 스님께 말씀드린 거였어.

솔직히 말하면 난 그때 스님이 뭔가 대체 요법, 예를 들면 한약 같은 걸 말씀해 주실 거라 기대했어. 그런데 그 말을 듣더니 아주 진지하게 말씀하시더군. 암에 걸린 것이 오히려 수행을 더 깊이 할 수 있는 좋은 기회라고 하시더라고." 마시는 스님의 목소리를 흉내 내며 말했다. "스님은 내가 무엇을 해야 하는지 아주 분명하게 말씀하셨어. 의사들의 권고를 따르라고 하셨지. 단, 조건 하나를 덧붙이셨어. 명상 수행을 최대한 열심히 하라고 하신 거야. 이 부분에 대해선 아주 엄하게 말씀하셨어. 나는 조금 울먹이면서 괜찮겠냐고 물었지. 하지만, 매우 단호하신 거야. 처음에는 어쩌면 이렇게 매정할 수가 있냐고 생각했지. 나를 걱정해 주는 것 같지 않았어. 하지만, 나중에 이것이 모두 나를 위한 것임을 깨달았어. 시간이 너무 촉박하다보니 부드럽게 말하면 듣지 않을 것 같았던 거야. 스님이 할 수 있는 일이란 없었어. 하지만, 스님은 내가 꼭 해야 하는 일에 대해서 분명하게 지시하려고 했던 거지. 스님은 '강한 의지로 명상 수행을 하면 두려울 게 없어질 겁니다.'라고 말씀하셨어."

약사여래 명상은 특정 이미지나 장면을 떠올리면서 만트라를 외우는 명상이다. 진한 푸른 빛 부처님이 강한 치료 광선을 우리 몸에 비추어 모든 병과 원인까지 없애는 상상을 하면서 명상한다. 다른 탄트라Tantra 수행처럼 약사여래의 힘은 외부의 신적 존재의 힘이 아니라 수행자의 마음에 달려있다. 약사여래 수행의 말과 이미지는 우리 안에 잠든 부처님의 본성을 깨우는 강력한 도구이다. 간단히 말해, 이 수행은 외부의 존재에게 치유를 구하는 간청이라기보다는 우리가 본래 지닌 내면의 힘에 접근해 스스로 치유하게 돕는 수단이다.

스님의 엄격한 지침에 따라 마시는 하루에 세 시간씩 약사여래 수행을 시작했다.

마시는 진지하게 말했다. "스님이 옳았어. 내 병은 수행을 제대로 할 기회였어. 내 삶이 끝날 것 같아지자, 세상이 완전히 다르게 보였어. 화학요법이 두려웠다는 것은 말할 필요도 없지."

마시는 첫 항암 치료를 받은 뒤에도 부작용을 걱정하지 않았다. 물론 첫 치료라서 그랬지만, 앞으로 두 달 동안 열흘에 한 번씩 병원에 방문해 치료받을 터였다. 두 번째 항암치료를 받고 곧이어 세 번째 항암치료 차례가 왔을 때도 부작용이 나타나지 않았다. 마시는 이 사실을 담당 의사에게 말했다. 의사는 약을 제대로 먹고 있는지 물었다. 메스꺼움은 없는지도 궁금해했다. 의사는 어깨를 으쓱하더니 마시의 경우가 매우 이례적이라며 화학 요법을 유독 잘 견디는 사람이 있다고 말했다.

"치료가 절반쯤 진행되었을 때 스님이 방문하셨어. 스님은 나를 보고 전혀 놀란 눈치가 아니더라고. 나중에 뵈러 갔을 때는 내가 말하기도 전에 스님이 먼저 수행을 아주 잘하고 있는 게 분명하다고 말씀하셨어." 마시는 고개를 내저었다. "어떻게 아셨던 걸까? 명상 수행을 시작했다고 말도 안 했거든."

"그럴 필요가 없어 보였는지도?"

마시는 고개를 끄덕였다. "그로부터 얼마 되지 않아 스님을 다시 만났어. 스님이 나의 미래가 내 손에 달려있다고 말씀하셨어. 모든 게 내 손에 달려있다고 말이야. 담당 의사 신기해한 지 6주가 지난 시점이었어.

항암 치료를 받았지만, 머리카락 한 올도 빠지지 않았어. 통증도 느낀 적이 없어. 의사가 종양이 있던 자리를 스캔해서 보여주었는데 그 전에 비하면 아주 작은 점 하나만 남아있지 뭐야. 그저 웃음만 났지. 의사가 그동안 다른 치료를 받았는지 솔직하게 물어보더군. 나는 병이 낫는 상상을 이따금 했다고 했지. 알잖아 이 사람들에게 마음과 몸 수행에 관한 말을 해봤자 소용없단 걸."

이 모든 말을 들으면서 나는 무척 기쁜 나머지 고개를 절레절레 흔들었다. "정말이에요? 이제 치료를 더 받지 않아도 돼요?"

"완쾌 판정을 받았지! 6개월 후에 검진만 받으면 돼."

"약사여래 수행은요?"

"여전히 하루에 두 번씩 약사여래 명상 수행을 하지. 세 번째 명상은 조금 다른 명상을 진행하고 있고. 나처럼 너도 힘든 일을 겪게 된다면, 이 명상 수행을 해봐. 정말 효과가 있다니까. 봐 내가 몸소 증명했잖아. 스님의 말씀대로 이루어졌잖아. 다 나에게 달려있어. 미래도 내 마음에 있어. 알잖아. 마음의 힘으로 죽을병을 이겨낸 사람들도 있어. 자가 치유를 이뤄낸 사람들이지."

"어떻게요?"

"암세포도 신체 기관처럼 계속해서 생성된다는 사실 알고 있지? 종양 세포는 계속해서 죽고 다른 세포로 대체돼. 몸의 에너지를 조절하는 시스템이 종양에 재생하라는 명령을 내리는 걸 차단할 수 있다면, 종양은 결국 사멸되지. 아직 이해할 수는 없지만, 신체의 에너지를 조절하는 것이 약사여래 수행의 핵심이야."

# 🪷 모든 일의 원인

"하지만, 마시, 그보다 훨씬 전부터 명상해 왔잖아요. 먼저 왜 암에 걸렸는지 알아야 하는 거 아닌가요?

마시는 활기 가득한 얼굴로 말했다. "당연하지! 처음에는 '불쌍한 사람'이라는 반응이었어. 내가 원인을 묻자 의사는 내게 활성 산소가 어쩌고 암세포가 통제 불가능 어쩌고 하면서 장황하게 설명하더라고. 그래서 나는 '아뇨. 그건 암에 어떻게 걸리느냐의 문제이지 원인은 아니잖아요.'라고 했지." 마시는 내 팔에 손을 얹으며 말을 이어갔다. "나는 이유가 뭔지 알고 있었어. 너도 알잖아."

"내가 안다고요?"

남은 샴페인을 단숨에 들이키며 마시는 소파에서 일어나 얼음통으로 향했다. "세상 모든 일의 원인은 세 가지로밖에 설명이 안 돼." 마시는 손에 병을 쥔 채 일어서서 말했다. 그 뒤 어둠 속에서는 조명이 비치는 템스강 위로 유람선들이 오르내리고 있었다. 마시는 물 만난 물고기 마냥 분위기를 주도했다. 그녀의 말을 누구보다 집중해서 들어주는 청중이 한 명 있었으니 말이다.

"첫 번째 가능성, 신. 신이 세상을 만들거나 자연스럽게 내버려두는 거지. 하지만, 오늘날 세상을 살펴보면 그 어디에도 신의 흔적을 찾을 수 없어. 모든 것을 사랑하는 전지전능한 신이 아니야. 신이 있다면 홀로코스트를 왜 그냥 내버려뒀을까? 그 후로부터 반세기가 지났는데도 여전히 의문투성이야. 왜 에이즈에 감염된 채 태어난 아프리카 아이와 산모가 6개월 만에 죽는 일이 생기는 걸까? 태어난 지 겨우 2주 된 아이를 두고 고통으로 더 자비로운 사람이 될 거란 말이 이해돼? 왜 아직도 야생 동물 포획이 무자비하게 일어나지? 가정 폭력을 일삼는 부모는 어떻고? 세상에는 수많은 일이 일어나고 있어. 그 일 중 대부분은 인간적인 수준의 연민만 있어도 멈출 수 있는 일이야."

마시가 소파로 돌아와 쓴웃음을 지으며 나를 응시했다. "두 번째 가능성, 우연. 너도 알다시피, 모든 것은 우연히 일어난다는 주장. 하지만, 만약 내가 고속도로를 운전하고 있는데 소가 날아와 앞 유리를 통과하는 일은 일어날 수 없지. 카푸치노가 갑자기 샴페인으로 바뀔 수도 없고. 결론적으로 모든 것은 아무런 이유 없이 일어나지 않아. 이것이 세상이 움직이는 방식이야. 그래서 나는 세 번째 가능성이 가장 타당하다고 생각해."

"카르마?"

"맞아. 인과응보. 모든 것은 뿌린 대로 거두는 법이야."

이번엔 마시가 궁금한 표정을 지을 차례였다.

마시가 잔을 들어 입에 갖다 댔을 때, 나도 한 모금 마신 뒤 이렇게 말했다. "저도 지금 글리브 스트리트 곰파에 다니고 있어요."

# 4장

## 원인과 결과의
## 법칙

원인과 결과의 법칙

모든 것은 마음이 앞선다.

- 부처님

원인과 결과의 법칙, 즉 카르마Karma, 業는 전형적인 불교 개념이다. 카르마는 언뜻 단순해 보이는 개념이지만 삶의 방식에 지대한 영향을 미친다. 마시를 만나고 나서 다시 글리브 스트리트 곰파에서 수업을 들었을 때 이에 관해 확신이 생겼다.

곰파의 방식과 수업 일정에 익숙해지자 동료 수강생들의 얼굴이 눈에 들어오기 시작했다. 모두 서로를 따뜻하게 맞아주며 느긋하고 밝은 분위기를 자아내고 있었다. 그중 몇몇은 서로를 잘 아는 것처럼 보였고 과거에 갔었던 수련회 이야기를 하기도 했다. 수업을 들어본 사람들 같은데 왜 또 수업을 듣는 건지 궁금해졌다.

어떤 것을 이성적으로 아는 것과 마음으로 이해하는 것의 차이를 깨닫게 된 것은 훨씬 뒤의 일이었다. 예를 들어, 사랑에 빠지는 순간을 떠올려 보면 쉽게 이해할 수 있다. 머릿속으로 수많은 가설을 세운다고 한들 실제 경험 앞에서는 무용지물이다. TV나 라디오를 통해 사랑 노래와 이야기를 수없이 들어봤자 사랑이 시작될 때의 설렘과 경이로움은 겪어 보지 않고서는 결코 알 수 없다. 불교도 마찬가지다. 불교의 가르침을 아무리 이론적으로 잘 이해한다고 해도 그것은 개인이 직접 체험을 통해 얻는 깨달음과는 비교할 수 없다.

집에만 틀어박혀 있으면서 로맨스를 기대할 수 없는 것처럼 단골 술집에 죽치고 앉아 있는데 부처님의 지혜를 깨달을 리 없다. 아무리 뛰어난 수행자라도 근본 가르침을 거듭 들으면 늘 새로이 도움이 된다. 때로는 같은 가르침을 수 백 번 들어야 제대로 깨우치는 경우도 있다.

"오늘 수업의 주제는 카르마입니다." 린포체가 특유의 장난기 어린 미소를 지으며 수강생들을 둘러보았다. "카르마는 산스크리트어로 '행동'이라는 뜻입니다. 행동은 결과를 낳습니다. 원인과 결과의 법칙에 대해 말하려는 이유가 바로 이것 때문입니다."

"우리는 모두 원인과 결과의 법칙을 당연시합니다. 시동을 걸기 위해 매번 차 열쇠를 넣고 컴퓨터를 부팅 시킬 때나 전기 포트를 작동시키기 위해 버튼을 누르는 이유는 우리가 모두 결과를 예상하기 때문이지요. 그런데……," 린포체가 싱긋이 웃으며 말했다. "물론 컴퓨터가 안 켜질 때도 있습니다!"

"전 세계는 원인과 결과의 법칙에 따라 움직입니다. 확인해 보세요. 엘니뇨 같은 기후 문제처럼 큰 현상뿐 아니라 박테리아 활동같이 아주 작은 일까지 모두 우연히 일어나지 않습니다. 원인이 있으면 결과가 있기 마련입니다."

린포체는 잠시 말을 멈추고 우리를 진지한 눈빛으로 쳐다보았다. 그러고선 천천히 말을 이었다. "마음도 마찬가지입니다. 우리가 하는 모든 생각과 말, 행동은 원인이 됩니다. 시간이 지나면 이 모든 원인, 그러니까 카르마적 원인 Karmic Causes 은 결과 Effects, 과보 를 낳습니다."

불교에서는 마음 그 자체보다는 '흐름'에 주목한다. 마음은 고정된 것이 아니라 끊임없이 정화되고 변화하는 의식과 인식의 흐름이다. 미래의 사건을 특정한 방향으로 진행되도록 만드는 것은 그 흐름 속에 있는 우리의 행동이다. 이게 바로 우리 삶 전체를 타고 흐르는 심상속 心相續, Citta-Dhāra, 마음의 흐름 이다. 매 순간 우리는 이렇게 자신의 카르마적 운명을 조형하며 살아간다.

## 🪷 최고의 자기 계발 프로그램

인지심리학자들은 믿음이 태도를, 태도가 행동을 낳는다고 주장한다. 자기 계발 분야의 대가인 노먼 빈센트 필Norman Vincent Peale과 앤서니 로빈스Anthony Robbins 같은 사람들은 이 오래되었지만 강력한 진리를 전파하여 큰 부를 얻었다. 그들은 공통으로 우리의 한계는 특정 직업, 생활 방식, 관계와 같은 외부 환경이 아니라 우리 자신의 믿음이라고 지적한다. '나는 할 수 없다.'라는 믿음을 '나는 할 수 있다.'로 바꾸라. 그러면 새로운 가능성의 세계가 열린다고, 그들은 말한다.

베스트셀러『거인이 보낸 편지Awaken the Giant Within』의 저자 앤서니 로빈스는 자신의 책에서 운동선수, 음악가, 기업가 등의 사례를 들며 이렇게 말한다. "자기 자신에 대한 신념을 바꾸었을 때 비로소 최고의 성과를 낼 수 있다."

나는 종종 불교가 최고의 자기 계발 프로그램처럼 느껴진다. 누가 봐도 특권과 부를 누렸던 석가모니에게 있어 부, 풍요로운 삶, 직업적 성공, 명예는 인생의 궁극적인 목표가 아니었다. 그렇다고 해서 그가 부를 부정한 것은 아니다. 오히려 부와 권력이 있다면 훨씬 많은 일을 성취할 수 있다고 보았다. 물론, 통상적인 기준에서 그렇다는 말이다. 하지만, 석가모니는 개인의 물질적 성취를 인생 전체를 걸고 추구할 만큼 중요한 것으로 여기지는 않았다.

티베트 불교 협회의 수장인 로덴 스님Geshe Loden은 우리의 마음을 '참깨 씨앗'에 비유하곤 한다. 그는 이 짧은 인생에서 우리가 얼마나 물질적 풍요에만 집착하며 사는지를 지적한다. 하물며 새나 곤충도 그런 방식으로 살지 않는다며 인간이라면 더 높은 목적을 품고 살아야 하지 않겠느냐고 말한다.

물질적 풍요만을 좇는 참깨만 한 열망을 내려놓고 진정한 내면의 행복을 선택한다면 얼마나 더 값지고 의미 있게 살 수 있을까? 그리고 우리 자신만을 위한 삶이 아니라 모두를 위한 삶을 살 수 있다면 어떨까? 더 나아가 이 생을 위한 삶이 아니라 영원을 위한 삶이라면 얼마나 좋을까?

린포체가 말을 이었다. "원인과 결과의 법칙이 지닌 장점은 원인을 만들어내는 힘이 오롯이 우리 안에 있다는 점입니다. 그 힘을 통해 우리는 무엇이든 이룰 수 있지요. 서양에서는 카르마를 흔히 '운명'으로 오인하곤 합니다. 그리고 운명은 바꿀 수 없는 것이라 여기곤 하지만 이는 분명한 착각입니다. 카르마를 창조하고 강하고도 역동적인 방식으로 변화시킬 수 있는 사람은 다름 아닌 우리 자신입니다. 우리는 매일 수백, 수천 개의 카르마를 만들어내고 있습니다. 이때, 마음 챙김이 부족하면 무엇을 만들고 있는지조차 알지 못한 채 시간을 흘려보내기 쉽습니다. 그래서 미친 원숭이처럼 날뛰는 마음을 가라앉히고 지금, 이 순간에 온전히 존재하는 것이 제일 중요한 겁니다."

"그렇다고 꼭 거창한 일을 하라는 말은 아니에요. 고용주를 속이는 일처럼 극단적인 잘못을 저지르거나 자선단체에 거액을 기부하는 것처럼 대단한 선행을 해야만 하는 게 아닙니다. 모든 행동은 우리 마음에서 시작됩니다. 여기 우리 마음에서 카르마가 일어나는 겁니다."

"우리는 모두 생각과 태도에 습관을 지니고 있습니다. 여기에 큰 주의를 기울여야 합니다. 이 습관이 쌓이고 누적되면 거대한 카르마가 생겨

납니다. 법구경 Dhammapada 에서 부처님은 이렇게 말씀하셨습니다."

생각은 말로서 나타나고,
말은 행동으로 나타나니,
행동은 습관이 되고,
습관은 성격으로 굳어진다.
그러니 항상 생각과 생각이 향하는 길을 세밀히 살펴,
모든 존재를 향한 자비심을 품어라.
거기서 태어난 사랑으로부터 생각이 피어나게 하라.
그림자가 몸을 따르듯,
우리의 생각이 곧 우리의 존재가 되리니.

"미래의 삶이 어떤 모습일지 알고 싶다면, 오늘 내가 하는 생각과 행동을 들여다보면 됩니다. 우리는 곧, 우리가 내린 수많은 결정의 총합입니다. 달라이 라마의 말처럼 현재의 우리는 우연히 생겨난 결과가 아닙니다. 과거의 선택들, 몸으로 행한 행동, 거기에서 일어난 마음과 말이 쌓이고 쌓여 지금의 '나'를 만든 것입니다."

## 🪷 마음의 흐름과 선택

앞서 운전 중 끼어든 차량 때문에 갑자기 브레이크를 밟은 두 명의 운전자를 예로 든 적이 있다. 한 사람은 화를 참지 못하고 폭발해 버렸지만 다른 사람은 동요되지 않고 라디오에서 나오는 노래를 흥얼거리며 가던 길을 갔다.

여기서 말하고 싶은 것은 분노의 원인, 그러니까 거의 모든 반응의 원인은 외부에 있지 않다는 사실이다. 우리가 그렇게 생각하는 것이다. 모든 분노의 원인은 우리 마음의 흐름에 있다. 창조되길 기다리는 카르마의 형태로 말이다. 축하한다! 분노한 운전자는 분노라는 반응으로 방금 악업을 쌓았다. 그 운전자는 자신이 무엇을 만들어냈는지 모를 것이다. 물론 처음부터 분노하겠다고 마음먹은 것도 아닐 것이다. 하지만, 같은 상황에서 매번 마음을 다스리지 못하면 그는 반복되는 불행의 고리를 돌며 불행한 미래를 낳는 업을 계속 쌓게 된다.

카르마는 우리가 우리 미래의 창조자임을 보여준다는 측면에서 중요하다. 아무리 절망적인 상황이라도 어떤 카르마를 창조할지는 우리의 선택에 달려있다. 예컨대, 파산 위기의 사장, 바람 난 남편에게 버림받은 중년 여성, 불치병에 걸린 중년 남성이 있다고 하자. 이들 모두에게는 삶을 대하는 태도를 선택할 자유가 있다. 그리고 이 선택이 곧 미래를 결정짓는다. 이런 상황에서는 원망과 비난, 자기 연민이 자연스러운 반응일 수 있다. 그러나 카르마의 관점에서 보면 그런 반응은 또 다른 고통을 불러오는 원인일 뿐이다. 반대로, '나' 중심적인 집착을 내려놓는다면 평소 같았으면 도저히 감당하지 못할 고통도 훨씬 더 담담하게 받아들일 수 있다. 마음가짐에 따라 개인적인 시련은 얼마든지 미래 행복의 씨앗이 될 수 있다.

이 원리를 잘 보여주는 인물이 바로 영국인 앨리슨 데이비스Alison Davis다. 척추이분증을 안고 태어난 그녀는 비틀린 척추에서 비롯된 극심한 고통을 견디며 거의 불가능에 가까운 확률을 뚫고 생존했고 결혼까지 했다. 그러나 10년간의 결혼 생활 후 남편이 그녀를 떠나자 삶은 점점 더 버거워졌고 여러 차례 자살 시도까지 하게 된다. 병은 나아지지 않았고 오히려 악화될 뿐이었다. 그녀는 하반신이 완전히 마비된 상태였고 오른쪽 몸 전체의 감각도 사라진 지 오래였다. 설상가상으로 폐공기증과 골다공증까지 겹쳐 있었다. 이런 그녀가 어떻게 행복을 기대할 수 있었겠는가?

1991년, 그녀는 인도의 몸이 불편한 어린이 두 명의 후견인 역할을 맡아달라는 요청을 받았다. 그녀는 이에 동의하고 4년 후 그들을 보러 길고 어려운 여행을 떠났다. 그곳에서 그녀는 충격적인 현실을 마주했다. 수백 명의 장애 아동들이 가족들에게 버려진 채 방치되어 있었던 것이다. 타인을 돕고자 했던 앨리슨의 노력은 그녀 인생의 중대한 전환점이 되었다. 영국으로 돌아온 뒤 그녀는 이 아이들을 지원하기 위해 자선단체 '인에이블Enable'을 설립했다. 이 단체는 '앨리슨 데이비스 장애 아동의 집Alison Davis Home for Disabled Children' 기금을 마련하며 성장했고 지금은 매우 중요한 기관으로 자리 잡았다. 누구에게도 의지할 수 없었던 수많은 아이가 이곳에서 희망을 얻고 있다. 이 활동을 통해 앨리슨 역시 깊은 성취감을 느꼈다.

멀리서 찾을 필요도 없다. 자신의 비극을 딛고 일어나 타인을 돕는 사람들은 우리 주변에도 많다. 당신이 속한 지역 사회를 둘러보라. 자선 활동의 선두에 서 있는 이들 가운데 평탄한 삶만을 살아온 사람이 얼마나 되는가. 그들은 삶의 고통과 상처를 발판 삼아 타인과 자신을 위한 행복의 씨앗을 틔워낸다.

## 🪷 내면의 힘을 일깨우는 심리학

카르마는 도전적인 주제이다. 우리의 모든 즐거움과 절망이 외부에서 온다는 믿음을 완전히 전복하기 때문이다. 카르마는 일반 심리학보다 훨씬 더 주체적인 삶을 가능하게 한다. 카르마의 관점을 따르면 실재에 대한 우리의 인식을 송두리째 바꿀 수 있다.

불교의 색다른 점 중 하나는 우리에게 유익한 수행만 취하면 된다고 늘 강조한다는 점이다. 만약 특정 요소가 도움이 되지 않는다면 그냥 제쳐두면 된다. 나중에 언제든 다시 시도해 볼 수 있다. 게다가 카르마를 믿지 않는다고 해서 지옥에 간다거나 하지도 않는다. 동시에 카르마를 믿는 사람에게 천국을 보장하지도 않는다. 불교에서 중요한 것은 무엇을 하느냐의 문제이지 무엇을 믿느냐가 아니기 때문이다.

이쯤 되면 독자 중에는 카르마적 원인이 정확히 무슨 뜻인지 궁금해진 사람도 있을 것이다. 우리는 성공이라는 결과를 얻기 위해 원인을 쌓는 사람을 우러러본다. 하지만, 결심과 노력만으로 성공이 보장되지 않는다면 어떻게 해야 하나?

## 🪷 씨앗과 조건

사람이 무엇으로 심든지 그대로 거두리라.

– 성경 갈라디아서 6장 7절

성경 속 인물인 사도 바울은 부처님과 동일하게 씨앗을 심는다는 비유를 사용한다. 이 비유는 원인과 결과가 직접적으로 연결되어 있음을 보여줄 뿐만 아니라 결과를 좌우할 수 있는 다른 요인이 있다는 것도 암시하므로 좋은 비유라 할 수 있다. 불교는 이런 숨은 요소까지 결과를 만드는 '조건'으로 간주한다.

씨앗이 발아해 건강한 식물로 자라기 위해서는 토양과 수분, 햇살이 필요하다. 마찬가지로 카르마가 발현되려면 적절한 조건이 갖춰져야 한다. 당연히 구분되어야 할 개념임에도 우리는 종종 '씨앗'과 '조건'을 혼동하곤 한다. 외부 환경을 바꾸기 위해 부단히 애쓰면서도 정작 중요한 씨앗은 심지 않은 채 풍성한 수확만을 기대하는 것이다. 최신 관개 시스템을 설치하고 최고급 비료를 뿌려도 농부가 씨앗을 뿌리지 않는다면 열매는 맺히지 않는다.

전통적인 관점에 따르면 경제적 성공은 열심히 일하고, 위험을 대비하고, 다른 요소를 고려해서 생기는 결과이다. 하지만, 모두 알다시피 세상은 이런 공식을 따르지 않는다. 완벽한 조건을 갖추어도 실패하는 사람이 부지기수다.

왜 그런가? 모든 조건이 완벽해도 카르마의 씨앗이 제대로 된 장소에 심기지 않는다면 성공은 일어나지 않는다.

돈을 더 벌기 위해 매일 14시간을 일하는 사업가가 있다고 하자. 이 사업가는 가족과 친구에게 인색하고 자선 기금모금가를 피하려고 길을 돌아가는 사람이다. 이런 사람은 카르마의 관점에서 보면 비옥한 토양을 가꾸고는 있지만 씨앗은 심지 않는 농부 같은 사람이다.

겉으로는 아름답지만 가족을 노예처럼 부리고, 아버지를 자동인출기로 여기고, 늘 남 험담에 몰두하는 여자가 사랑에 실패하는 것은 이상한 일이 아니다. 어찌 다른 결과가 있을 수 있을까?

조건만으로는 긍정적인 결과를 만들기 어렵다. 그렇다고 아무리 훌륭한 씨앗이라도 알맞은 조건이 뒷받침되지 않으면 결실을 볼 수 없다. 만약 회사의 수익을 전액 기부하고 골프장에 앉아 수표가 굴러들어 오기를 기다리는 것이 성공의 공식이라면 아마 누구나 다 그렇게 했을 것이다. 하지만, 유감스럽게도 세상은 그렇게 간단하지 않다.

카르마를 긍정적으로 바꾸기 위한 바람직한 접근은 '씨앗'과 '조건'을 모두 갖추는 것이다. 이 방식은 이성적으로도, 직관적으로도 많은 이들에게 설득력을 가진다. 그렇다면 이런 질문도 가능하다. 왜 세상의 주요 도시들에 있는 고급 주택가, 그러니까 상류층이 모여 사는 곳에는 하나같이 인색하고 비도덕적인 사람이 많을까?


## 🪷 선한 사람에게 나쁜 일이 일어나는 이유

누구나 한 명쯤 주위에 조건뿐 아니라 씨앗도 신경 쓰는 농부 같은 사람을 알고 있을 것이다. 가령 사업체를 성공적으로 운영하면서도 기부도 많이 하는 사업가라든지, 만나는 모든 이에게 애정을 아끼지 않고 노약자를 도와주는 매력적이고 우아한 사교계 여주인 같은 사람 말이다.

하지만, 고약한 일은 늘 벌어진다. 기업가의 회사가 판매 부진을 겪고 이제 파산이라는 굴욕적인 상황에 직면한다. 사교계 여주인은 사기꾼과 결혼한 것을 뒤늦게 깨닫는다. 남편은 그녀를 버렸고 이미 그녀의 재산을 계획적으로 빼돌린 상태다. 간단히 말해 왜 이런 나쁜 일이 선한 사람에게 일어나는가? 왜 악한 사람에게 좋은 일이 일어나는가?

불교에서는 이렇게 설명한다. 지금, 이 순간의 의식이 거대한 정신 연속체의 일부인 것처럼 우리가 살아가는 현재의 삶 또한 훨씬 큰 그림의 일부분에 불과하다는 것이다. 실제로 불교에서는 마음의 흐름이 단지 탄생의 순간에서 시작된 것이 아니라 시작조차 알 수 없는 태초부터 이어져 온 것으로 본다. 만약 하나의 인생을 실에 꿰인 구슬에 비유한다면 현생은 그 뒤로 끝없이 이어진 구슬 중 하나일 뿐이다.

우리의 조건과 경험은 끝없이 이어진 정신의 흐름 속에서 잉태된 카르마에 의해 결정된다. 두 생애 전에 심긴 씨앗이 지금 발아되어 꽃을 피울 수 있다. 현재의 행동과는 아무런 상관이 없는 데도 그럴 수 있다. 기업가가 실패를 겪고 사교계 여주인이 사기를 당하는 이유가 모두 여기에 있다.

카르마는 우리가 자신의 운명을 스스로 개척할 수 있다는 가능성을 열어 주지만 그만큼 책임이 우리에게 있다는 점에서 불편한 진실이 되기도 한다. 우리의 카르마 '은행 계좌'의 잔액은 지금 어떤 상태일까? 과거생에서 우리가 다른 이들에게 저질렀던 끔찍한 일 중 아직 우리가 그 대가를 치르지 않은 건 무엇일까? 차라리 카르마 대신 우리의 해로운 생각과 말, 행동의 결과에 대해 책임을 묻지 않는, 이른 바 자비로운 이론을 믿는 편이 훨씬 낫지 않을까?

아주 정신이 번쩍 드는 내용이지만 중요한 것은 우리의 카르마도 계속 변한다는 것이다. 카르마의 씨앗과 열매는 정신의 흐름에 따라 시시각각 변한다. 우리 정신의 흐름이 유동적이기 때문이다. 불교는 악업

Negative Karma 을 정화하고 선업 Positive Karma 을 기를 수 있는 강력한 수행 방법을 알려준다. 무거운 카르마의 빚을 짊어진 사람도 이 생에서 얼마든지 열반의 경지에 이를 수 있다.

하지만, 이것을 이루기 위해서는 우선 우리 운명과 자신에 대해서 책임질 수 있어야 한다.

## 🪷 비난은 하나로 이어진다

오늘날만큼 개인의 책임에 관한 개념이 혼란스러운 적이 없었다. 요즘처럼 자기중심적인 문화에서는 너무나도 당연하게 개인의 권리를 강조한다. 개인이 온전히 책임을 지는 모습은 찾아보기 힘들어지고 있다. 심지어는 온전히 책임지는 행동을 비합리적으로 여기기도 한다.

16살 소녀가 임신해 학교를 그만둔 상황에서 우리는 종종 그 아이를 가난과 잘못된 롤모델 설정에 따른 희생자로 치부한다. 아내가 외도를 저질렀을 때는 남편이 일에만 매달렸기 때문이라 비난한다. 겨우 심장 수술로 목숨을 건진 비만 환자는 수술 후 왼팔에 마비가 왔다며 의사를 고소한다.

'16살 소녀가 부정적인 롤모델을 꼭 따라야 했던 건 아니지 않느냐.'라는 주장, '모든 사람이 그렇게 행동하는 건 아니다.'라는 반론, '외로웠다 해도 아내는 시간을 더 건설적으로 보낼 수 있었어야 한다.'라는 말, '팔에 이상이 생겼다 해도 생명을 구해준 것에 감사해야 한다.'는 입장은 요즘 사회에서 좀처럼 환영받지 못한다. 마치 자신의 행동에 책임을 지려면 먼저 사회학자의 허락을 받아야 하는 듯한 분위기다.

불교는 이와 정반대의 시각을 지닌다. 불교 성인 체코와 Geshe Chekawa 스님은 "비난은 하나로 이어진다."라고 했다. 이보다 개인의 책임을 분명하게 강조하는 말은 없다. 앞서 언급한 두 운전자처럼 우리가 어떤 사건을 특정한 방식으로 경험하게 되는 것, 즉 그 흐름을 만들어 내는 힘은 우리 안에 있다. 어떤 삶을 경험할지는 전적으로 우리 손에 달려있다. 부처님은 이렇게 말했다.

무수히 많은 존재와 우주는
마음이 만들어 낸 것이며
모든 우주와 존재는 카르마의 결과물이다.

## 🪷 자기 자신을 위해 관대하라

원인과 결과의 법칙을 진정으로 받아들이면 우리의 삶이 가장 크게 변한다. 내게 불교 가르침 중 가장 놀랍고 기발한 측면 중 하나는 이기적인 욕망조차도 이타적인 행동 속에서 실현된다는 사실이었다. 연꽃이 늪의 오염을 딛고 피어나듯 자기 자신만을 위하며 살더라도 어느 순간 상상을 뛰어넘는 결과를 만들어 낼 수 있다.

부자가 되고 싶다면 오히려 이기적인 이유에서라도 너그러워야 한다. 만약 우리가 훌륭한 외모를 열망한다면 적어도 다음 생에서 그 꽃을 피우기 위해 인내심을 길러야 한다. 이와 비슷하게 이기적인 목적에서라도 철저하게 윤리를 지켜야 한다. 그렇게 해야 미래의 행복과 평화를 최고로 유지할 수 있기 때문이다.

우리가 생각과 행동에 더욱 주의를 기울일수록 선업을 쌓을 수 있는 기회를 더 잘 포착할 수 있다. 누군가 기부를 요청하며 집 문을 두드릴 때 짜증을 내기보다 '부유해질 업을 쌓을 기회'라 여기고 감사해야 한다. 긴 줄을 서서 기다리는 상황에 신경질을 내기보다 선한 행동을 할 기회로 삼을 수 있어야 한다. 성가신 이웃, 과도한 업무를 주는 상사, 권태에 빠진 배우자 등, 우리를 괴롭히는 모든 일은 사실 우리의 카르마 일 수 있다. 또한, 우리가 가진 문제는 무의식적으로 반복되는 자기방어적 태도에서 벗어날 기회가 된다.

카르마의 개념을 이해하면 습관처럼 반복되는 부정적 경험을 다른 시선으로 바라볼 수 있다. 만약 어떤 사람이 내 카르마를 드러내는 단순한 도구라면 그에게 분노할 이유가 있을까? 그에게 화를 내는 것은 마치 나를 때린 사람 대신 그가 쥐고 있던 회초리를 탓하는 것과 같다. 더구나 그가 나를 때린 바로 그 행동 때문에 결국은 나와 같은 고통이나 어쩌면 더 큰 불행을 스스로 불러온다면 그에게 어떻게 분노할 수 있겠는가?

티베트 불교는 살아있는 전통이므로 카르마의 놀라운 결과를 멀리서 찾지 않아도 된다. 팔덴 갸초 Palden Gyatso 스님은 1959년 티베트 봉기 이후, 정치범으로 갇혀 무려 33년간 혹독한 고문과 강제노동을 겪었다. 마침내 감옥에서 풀려났을 때는 달라이 라마가 있는 인도 북부 지방으로 추방되었다. 달라이 라마가 무엇이 가장 힘들었냐고 그에게 물었다. 상상 할 수 없을 만큼 극심한 고초를 겪었음에도 팔덴 갸초 스님은 이렇게 대답했다. "교도관을 향한 자비심을 잃을까 하는 두려움, 그것이 가장 힘들었습니다."

팔덴 갸초 스님의 영웅적인 이타심을 따라 할 수는 없어도 살아있는
이타심의 본보기가 있다는 점만으로 큰 위안이 된다.

자신의 이익을 위해서라도 관대함을 실천하면 그 결과는 분명해진다.
관대함과 인내, 윤리적인 행동을 습관화하면 결국 자기 성장이라는 카
르마를 쌓게 된다. 아무리 가면처럼 느껴지는 행동이라도 반복하다 보
면 진짜 내 모습이 된다. 처음에는 어색하고 부자연스럽게 느껴질 수 있
지만 이런 태도와 행동의 변화는 결국 깊은 내면의 변화를 이끈다. 특히
원인과 결과의 법칙을 마음에 새기고 명상을 포함해 다양한 수행을 실천
한다면 이 생을 넘어서는 까마득한 영향력을 갖게 된다. 자신과 미래를
새롭게 창조할 수 있는 힘을 지니게 된다. 그리고 마침내 팔덴 갸초 스님
처럼 무한한 사랑과 자비심을 품는 존재가 될 수 있다.


## 🪷 "바라던 대로 되기만 하면 행복해질 거야."

아무리 사소해 보일지라도
부정적인 행동을 간과하지 마라.
작은 불씨가 산 전체를 태우는 법이다.
- 티베트 명언


카르마의 가능성을 진지하게 생각하면 이 법칙을 당신의 삶에 적용할
수밖에 없을 것이다. 내가 그랬다. 직장 생활의 부침이 생생했던 터라 잠

시 함께했던 에이전트 회사의 무례한 동료처럼 나도 행동한 적은 없는지, 그래서 불행의 업을 쌓아 온 것은 아닌지 스스로 돌아보게 되었다. 하지만, 프리랜서로 일하면서 예전 직장보다 훨씬 큰 보람을 느꼈다. 그래서 오히려 해로운 동료를 만난 일이 과거에 선업을 쌓았기 때문이 아닐까 하는 생각이 들었다.

물론 그때는 아직 이루지 못한 원대한 꿈이 있었다. 출판 작가가 되고 싶었다. 출간되지 못한 열 편의 소설을 보며 카르마의 씨앗이 아직 뿌려지지 않았다는 사실이 분명해졌다. 물론 작가로서의 조건을 제대로 갖추고 있었는지는 장담하지 못하겠지만 적어도 나는 정말 열심히 했다. 하지만, 그게 다였다. 기회는 내게 오지 않았다. 그런데 문득 이런 생각이 떠올랐다. 나는 다른 사람들에게 얼마나 기회를 줬던가?

어쩌면 내가 친구나 지인들이 도움이 필요했을 때 그들이 추구하는 세속적인 목표를 이루도록 어떤 방식으로든 도와줬다면 지금쯤 나 자신도 좀 더 앞서 나아가 있지 않을까? 당시 나는 너무 많은 시간을 책상 앞에서만 보냈다. 그리고 내 일만 열심히 하면 성공할 것이라고 스스로 믿었다. 만약 소설 열 권 대신 여섯 권만 쓰고 남은 시간을 다른 사람을 돕는 데 썼더라면 카르마의 씨앗이 충분히 뿌려져 열매를 맺었을 것이다.

이게 바로 카르마의 가늠할 수 없는 이치다. 그러나 이런 생각을 떠올리던 그 순간조차 내 글쓰기의 카르마에 거대한 변화가 닥쳐오고 있다는 사실은 꿈에도 알지 못했다.

## 🌷 바라는 것을 이루기

뜻밖에도 제안서를 보냈던 출판사에서 관심을 표해왔다. 한 군데가 아닌 무려 세 군데에서 연락이 왔다. 하지만, 기대를 품지 않으려 애썼다. 과거에도 이처럼 편집자와 여러 번 아이디어를 나눈 적이 있지만 결국 이루어지지 않았다. 관심을 표현하는 것과 출판 계약을 맺는 것은 차원이 다른 일이다. 게다가 프리랜서로 맡은 프로젝트에 온 관심이 쏠려 있는 상태였다.

하지만, 어느 금요일 오후, 성인이 된 이후 줄곧 꿈꿔왔던 전화가 걸려왔다. 대형 출판사 편집자가 『The Invisible Persuaders』를 출판하고 싶다고 했다.

나는 오랫동안 글을 써왔다. 책 열 권과 제안서 하나. 평생 소중히 품어왔던 오랜 꿈이 이루어지려는 순간이었다. 늘 나를 지지해 주었던 아내가 샴페인 한 병을 들고 집에 도착했다. 축하의 밤이 지나고 다음 날 아침 바로 런던 피커딜리에 있는 쇼핑 거리로 향했다. 그곳에서 아내는 어제와 같은 순간이 오면 꼭 사리라 마음먹고 있던 만년필인 몽블랑 마이스터스튁 르그랑을 나에게 사주었다. 많은 사람이 자신을 대표하거나 기념하는 물건을 갖는다. 이제 나도 그런 것을 하나 가졌으니 진짜 작가라고 불러도 될 것 같았다.

친구와 가족이 이 소식을 듣고 크게 기뻐했다. 이 목표를 이루기 위해 얼마나 오래 노력했는지, 이것이 내게 어떤 의미인지 알고 있었기 때문이다. 아내 말에 따르면 술 한잔 하자고 전화 돌리기를 몇 번을 했다고 했다. 아프리카에 있는 친구들에게도 전화를 걸 정도였으니 말 다 했다.

친구들이 모두 입을 모아 축하했다. 그랬다. 정말 엄청난 소식이었다.

하지만, 처음 축하 세례가 쏟아지고 나서 1~2주가 지나자 사실상 변한 건 없다는 사실을 마주했다. 춥고 어두운 아침에 매일 같이 일어나야 했고 여전히 동일한 고객을 대상으로 같은 일을 했다. 게다가 선인세로 받기로 한 금액은 평소 업무 요율에 비하면 턱없이 적었다. 그래서 업무 중간에 글쓰기를 끼워 넣을 수밖에 없었다.

칼뱅주의자들처럼 나도 자신을 갉아먹는 '행복 유예의 달인'이었다. 보통 사람들의 행복 공식은 단순하다. 'X나 Y, 혹은 Z가 있어야 행복하다.'라는 식이다. 번듯한 직장, 연인, 자동차, 이런 조건들이 갖춰져야만 행복할 수 있다고 믿는 것이다. 내 행복의 방정식도 '출판 계약을 따내면 내 인생이 기쁨과 행복으로 넘쳐날 거야.'였다. 분명 계약을 따낸 순간에는 매슬로의 욕구 이론에 따라 자아실현 욕구가 충족되었다. 그러나 오랜 시간 염원해 왔던, 그러니까 무려 16년간 유예하며 기다렸던 기쁨과 행복은 대체 어디 있는 건지 알 수가 없었다. 왜 이토록 평소와 다름없는 걸까? '사운드 오브 뮤직'을 부르며 완즈워스 커먼을 신나게 뛰어다녀야 하지 않나?

영국 시트콤 시리즈 〈폴티타워스 Fawlty Towers〉의 어느 에피소드에 숙박객들이 호텔 전망을 놓고 불평하는 장면이 나온다. 항상 화가 나 있는 호텔 주인인 주인공은 창밖을 가리키며 이렇게 말한다. "아니, 이 시골 촌구석에서 대체 뭘 기대한 거예요? 평야를 질주하는 야생동물 떼를 기대했어요? 아니면 바빌론의 공중정원을 기대했어요?"

그 감정이 무엇이었는지 확신할 수는 없지만, 정확하게 말해 출판 계약을 성사하면 느끼게 될 것 같았던 감정과는 거리가 있었다. 후에 이 상황과 맞아떨어지는 조지 버나드 쇼의 유명한 격언을 접했다. "인생에는 두 가지 실망이 있다. 하나는 원하는 것을 얻지 못했다는 것이고, 나머지는 그것을 가졌다는 것이다."

내 실수는 어떤 외부 사건이 나를 완벽히 행복하게 해줄 거라고 기대한 것이었다. 게다가 나는 일어날 수 없는 큰 행복을 바랐다. 출판 계약을 따낸 건 정말 기쁜 일이었지만, 모든 게 달라진 건 아니었다. 그때 나는 내가 출판 계약에 온갖 기대를 품고 있었음을 깨달았다. 하지만, 막상 계약을 체결하고 나니 그 기대는 실현되지 않았다. 다른 경우에도 적용해 볼 수 있을 것이다. 파트너쉽 계약 체결에 성공했다거나, 엄청난 금액의 보너스를 탔거나, 명망 있고 부유한 고객을 유치했다거나 하는 일들 말이다. 그렇게 겪어봤으면서도 우리는 계속해서 어떤 특정 목표를 성취하면 인생에서 눈부신 변곡점을 맞이하게 될 것이라 자신을 속인다. 하지만, 잠시 성공의 기쁨을 누리고 나서 다음 날 일어나 보면 달라지는 건 하나도 없다. 결국 똑같은 나만 남아있다.

## 🪷 새로운 시작

그 후로 나는 8개월 동안 책을 썼다. 방대한 자료를 수집하고 인터뷰를 하며 초안 작성을 거듭한 끝에 원고를 완성할 수 있었다. '영국의 언론 담당자들은 어떻게 미디어를 다루는가?'라는 부제의 『The Invisible Persuaders』는 제목에서 알 수 있듯이 홍보 업계의 미심쩍은 관행을 정조준하는 책이다. 그들은 사소한 것에서부터 중대한 것까지, 그야말로 다양한 수법을 이용한다. 예를 들어, 신문 기사를 115% 확대 복사해 훨씬 큰 지면을 차지한 기사로 보이게끔 고객을 속인다. 또 상대 기업에 관한 악의적인 정보를 익명으로 유포하기도 한다.

후속 절차로 진행된 명예훼손 검토 작업은 책을 쓰는 것만큼이나 고된 일이었다. 명예훼손 전문 변호사와 일한 적이 없던 나는 속임수나 부정행위를 알고 있는 것만으로는 부족하다는 것을 깨달았다. 문서나 증거로 뒷받침해야 한다는 것을 그제야 알게 된 것이다. 끝없이 이어진 법적 질문들 끝에 검토 대상으로 정리된 항목이 30쪽을 훌쩍 넘겼다. 그 결과 문제가 될 소지가 있는 세부 내용들을 상당 부분 삭제해야 했다. 핵심 이야기는 그대로 두고 내용은 중화시켰다. 그래도 나는 아주 중요한 목표를 향해 가고 있다는 확신이 들었다. 여전히 초보적인 수준이지만 나의 불교 수행은 그 목표를 이루는 데 두 가지 방식으로 도움을 주었다. 첫째, 앞서 언급했듯이 그냥 지나칠 수 있는 기회를 포착할 정도로 시야가 선명해졌다. 둘째, 제안서를 보냈을 때처럼 결과에 집착하지 않은 태도를 갖게 되었다.

'어떤 일에 크게 집착할수록 그것은 우리를 피해 가고 집착을 내려놓으면 오히려 저절로 굴러들어온다.' 인생의 흥미로운 역설 중 하나다. 나는 부유한 사업가의 성공 비결을 다룬 한 다큐멘터리를 보고 나서 이 믿음을 더 확신하게 되었다. 다큐멘터리에서 칵테일 잔을 들고 금목걸이와 선글라스를 걸친 영국 잡지사의 거물이 이렇게 말했다. "중요한 것은 이기느냐 지느냐에 너무 연연하지 않는 겁니다. 물론 거래를 성사하려 최선을 다하지만, 사실 크게 개의치 않아요."

내 원고가 명예훼손 담당 변호사와 열성적인 교정자의 눈을 간신히

통과하자, 나는 맑은 마음을 유지하며 결과에 너무 집착하지 않으려 애썼다. 하지만, 곧 다음이 궁금해졌다. 보통 책이 실제로 출간되기까지의 시간은 고통스러울 정도로 지난하다. 대부분의 작가는 완성된 원고를 출판사에 넘긴 뒤, 책으로 출간되기 전까지는 새로운 글쓰기 작업에 쉽게 착수하지 않는다. 책장에 정성껏 만든 결과물이 놓이는 순간, 그제야 비로소 주요 인물들을 마음에서 떠나보내게 되는 것이다.

나에게는 새로 집필할 책이 없었다. 홍보 분야 일에 여전히 바쁘게 몰두하고 있었지만, 이번 책 작업이 일회성으로 끝나지 않기를 바랐다.

어릴 적부터 소설을 쓰고 싶다는 열망에 이끌려 살아온 터라 내 생각은 자연스레 다시 책으로 향했다. 『The Invisible Persuaders』를 아주 즐겁게 썼지만, 명예 훼손 문제 때문에 가장 흥미로운 부분이 빠졌다는 점이 계속 아쉬웠다. 폭로의 힘은 그 일을 밝히는 것만큼이나 진짜임을 증명할 수 있는 디테일에 있다. 불륜을 저지를 때 국회의원이 입은 속옷의 디자인이 불륜 자체만큼이나 흥미를 끄는 이유가 여기에 있다. 악마가 인간의 간에 불향을 입히기 위해 사용한 특정 포도주의 이름이 악마의 식육 행위만큼이나 흥미를 끄는 상황이라고 할 수 있다. 내 책에서 삭제해야 했던 부분이 이런 디테일이었다. 법적인 문제에서 자유로우면 얼마나 좋을까. 소설이라는 형식을 사용했다면 더 많은 진실이 드러났을 텐데! 그렇게 홍보 업계를 무대로 한 스릴러를 생각해 냈다.

다시 한번 나는 그 어떤 것도 당연하게 생각하지 않았다. 제안서를 고안하고 몇 장의 샘플 원고를 써서 런던의 유력한 출판 에이전시에 희망에 찬 편지를 보냈다. 『The Invisible Persuaders』의 출간 계획도 함께 알렸다. 에이전시가 나의 제안을 받아들이기로 동의했을 때 너무 행복했지만, 마냥 기뻐할 수만은 없었다. 예전에도 비슷한 일을 겪었지만 매번 실패로 돌아갔기 때문이었다. 이번에는 새 에이전트가 첫 책의 화제성을 이용해 관심을 보이는 편집자를 끌어들일 계획이었다.

유월의 어느 날, 나의 첫 책 출간 행사가 런던 첼시 하버에 자리한 콘래드 호텔에서 열렸다. 아내와 나는 흔히 제공되는 음료나 카나페 대신 선택지에 샴페인과 브런치를 넣었다. 오랜 꿈의 실현을 축하하러 와 준 친구와 가족을 이런 성대한 장소에서 맞이할 수 있다니 무척 뿌듯했다. 날씨도 분위기에 화답했다. 지중해를 떠올리게 하는 포근한 하늘 아래 눈 부신 햇살을 받으며 요트들이 물결 위에서 잔잔히 흔들리고 있었다.

정확히 10년 전, 나는 출판 작가가 되기 위해 광활하고도 혼란스러운 도시에 발을 내디뎠다. 그리고 결국 그 목표가 이루어졌다. 그 여정에서 멋진 호주 출신 아내를 만나 결혼했고 런던 사람이 되어 생각지도 못했던 홍보업계에 몸담으며 큰 성취를 이루었다. 여전히 초보이긴 하지만, 명상 수행은 내 인생에 중요한 일부가 되었고 앞으로 더 중요해질 것 같았다.

최근의 사건으로 자신감이 생겨서일까? 아니면 겨울 같았던 10년의 시련과 열악한 대중교통, 끝없이 치솟는 집값, 도시의 환경오염으로 지쳐 버려 어린 시절 즐기던 탁 트인 공간과 햇살을 꿈꾸게 되었을까? 이유가 무엇이건 간에 아내와 나는 큰마음을 먹고 주변 환경을 완전히 바꾸기로 했다. 우리는 아파트를 세놓았다. 그러고는 세계일주 항공권을 구매했다. 특별히 정해 놓은 목적 없이 미국에 들렀다가 호주에 들르는 계획을 세웠다.

내 에이전트는 첫 소설을 성공적으로 판매할 수 있을까? 우리는 런던으로 다시 돌아가게 될까? 아니면 다른 곳에 새 보금자리를 마련하게 될까? 여행하는 동안 명상 수행을 계속할 수 있을까? 뉴욕에 가기 위해 짐을 꾸리면서도 답은 여전히 불투명했다. 아니, 딱히 걱정하지 않았다. 우리는 미래를 하루하루 받아들이며 모든 것을 자연스럽게 흘러가게 두기로 했다.

뜻밖에도, 그 짧은 순간 동안 내 인생은 감히 상상할 수 있는 영역을 넘어 흘러가고 있었다.

# 5장

## 이토록
## 귀중한 인생

더 높은 존재를 향한
복된 조건들이 갖추어지기 까지는
숱한 생生을 거쳐 왔을 겁니다.


- 달라이 라마

출판 작가와 프리랜서 홍보 컨설턴트, 두 역할을 병행하는 것은 결코 쉽지 않았다. 작가로서는 원고가 거절당하는 일이, 직장인으로서는 갈등을 겪는 일이 흔한 일상이었다. 수행을 하고 나서야 내가 필요 이상으로 치열하게 살고 있었음을 깨달았다. 꿈을 이루려는 열망이 깊어질 때는 언제나 그렇듯 외부 조건을 바꾸는 것에 매달렸다. 그러면서 더 크고 중요한 본질을 놓치고 있었다. 지난 몇 주 동안의 수행은 내가 진정으로 중요한 가치를 실천하지 못한 채 살아왔음을 가르쳐주었다.

〈람림〉에는 삶의 소중함을 다루는 장이 있다. 많은 책에서 '여유와 복'으로 번역되기도 한다. 이 제목을 처음 보았을 때, 나는 "좋아! 큰 부자가 되는 티베트 불교의 지혜군!"이라고 생각했다. 그러면서 무의식적으로 카리브해의 고급 빌라의 수영장에서 피나 콜라다를 홀짝이던 잡지사계의 거물급 인물을 떠올렸다. 이것이야말로 집착의 힘 아니겠는가!

'여유와 복'의 마지막 부분을 읽었을 때, 나는 내가 얼마나 복을 많이 타고났는지 깨달았다. 그 순간만큼은 억만장자와 다름없는 복을 받은 기분이었다.

불교의 관점에서 우리는 삶이라는 복권의 1등 당첨자들이다. 아마도 역사상 가장 운 좋이 좋았던 극소수에 속할 것이다. 지금 누리는 조건만 보아도 우리가 엄청난 선업을 지닌 사람에 속한다는 걸 알 수 있다.

하지만, 우리는 대체로 자신을 운 좋은 사람이라고 생각하지 못한다. 오히려 타인의 부와 영향력, 이성적 매력과 명성에 눌려 살아간다. 게다가 광고 산업은 우리의 야망을 끊임없이 부추긴다. 그러다 보니 치열한 경주 같은 인생에서 자기 자신을 그저 그런 존재로 여기기 쉽다. 많은 성취를 이루었어도 더 많이 성취한 사람과 비교하며 자신의 성취를 깎아내려 버리기 일쑤다.

그렇다면 불교는 어떻게 이렇게 다른 결론에 이르렀을까?

불교의 우주관에 따르면 우리가 흔히 생각하는 존재 방식인 동물이나 인간은 결코 유일한 존재가 아니다. 다른 위대한 종교들처럼 불교 역시 지옥계, 영혼계, 그리고 신Deva의 세계가 있다고 본다. 이 가운데 동물과 인간은 존재의 위계에서 대략 중간쯤, 전체의 약 3분의 2 지점에 있다. 마치 먹이사슬처럼 존재의 차원이 높아질수록 그 수는 점점 줄어든다. 따라서 지옥계에 속한 존재들은 영혼계 존재와 인간, 동물의 수를 훨씬 능가한다고 한다.

인간의 감각으로 감지할 수 없는 세계에 관한 이야기는 사람에 따라 받아들이기 힘들 수 있다. 하지만, 우리가 관찰할 수 있는 동물의 세계만 보아도 우리가 얼마나 큰 행운을 누리고 사는지 이해할 수 있다.

불교에서는 '중생Sentient Being, 감각 있는 존재'이라는 용어를 사용하는데, 이는 티베트어 'Sem-chen', 즉 '마음을 지닌 존재'를 뜻하는 말에서 유래했다. 모든 중생은 똑같이 행복을 원하고 고통을 피하고자 한다. 반려동물을 길러본 사람이라면 알겠지만, 동물들도 우리처럼 분명한 기호를 가지고 있고 어떤 경우에는 인간과 크게 다르지 않다. 동물도 사람과 마찬가지로 맛있는 음식, 따뜻함, 유대감, 그리고 편히 쉴 수 있는 장소와 같은 기본 욕구를 가진다. 하지만, 과연 이런 기본적인 욕구를 제대로 충족하며 살아가는 동물이 얼마나 될까?

인간이 아닌 존재들의 의식과 감각에 관한 새로운 이론과 사실은 시간이 갈수록 더 많이 발견되고 있다. 그러나 대부분의 사람은 이를 다양한 방식으로 부정하거나 외면한다. 예를 들어, 침팬지가 개량된 컴퓨터로 생각과 감정을 표현하는 모습을 보면 이런 지적 존재를 실험실에서 사용하는 게 정당한가 하는 의문이 든다. 그 목적이 의심스러운 실험일 경우에는 더욱 그렇다. 또 한밤중 화재 현장에서 주인을 구하기 위해 주인을 깨운 돼지처럼 감각과 감정을 지닌 동물들을 참혹한 도살장에 끌고 가도 되는지 의구심이 생긴다.

과학자 루퍼트 셸드레이크Rupert Sheldrake 는 많은 실험과 사례를 종합한 결과 수많은 동물이 우리의 생각과는 달리 높은 지능과 감정을 가진다는 사실을 입증했다. 인간의 방식으로 소통하지 못한다 뿐이지, 동물이 지닌 정신 감응 능력은 탁월하다.(『Dogs That Know When Their Owners Are Coming Home주인이 언제 올지 아는 개들』과 『The Sense of Being Stared At시선을 감지하는 감각』에 잘 나와 있다.)

많은 사람이 동물도 의식이 있다는 사실을 애써 회피한다. 어쩌면 햄버거를 주문할 때 맞닥뜨리는 윤리적 딜레마 때문일 수도 있고, 어쩌면 동물도 생각하고 느낀다는 사실을 그저 외면하고 싶기 때문일 수도 있다. 하지만, 관련 연구가 지금처럼 진행된다면 머지않아 우리의 태도도 그에 따라 변하게 될 것이다. 독일 철학자 아서 쇼펜하우어Arthur Schopenhauer 는 "진리는 처음에는 조롱의 대상이 되고 그다음에는 격렬한 저항을 받으며 결국에는 누구나 인정하게 된다."라고 말했다.

우리는 모두 행복을 추구하고 고통을 피하기를 원한다. 그러나 현실은 다르다. 지구상의 생명체 대부분은 결국 다른 생명의 먹잇감으로 소모된다. 아주 작은 플랑크톤에서 거대한 고래에 이르기까지, 바다의 생명체는 끊임없는 생존의 위협 속에서 살아간다. 땅 위도 다르지 않다. 다른 동물이나 밀렵꾼의 공격을 받는 야생동물, 그리고 도축을 위해 길러지는 수십억의 가축들 모두가 위태로운 방식으로 존재한다. 더 중요한 사실은 이 잔혹한 현실에 우리 인간이 일정 부분 책임을 지고 있다는 점이다. 우리가 보지 않으려는 이 현실은 실제로는 훨씬 더 잔인하고 끔찍하다. 지금, 이 순간에도 동물들은 상상할 수 없는 고통을 겪고 있다. 느리고 비인도적인 방식으로 도살당하거나 쓸개관에 바늘이 꽂힌 채 쓸개즙을 채취당하거나 포식자에게 산 채로 찢기는 경우가 그렇다. 그 고통을 조금이라도 짐작해 본다면 우리가 상상할 수 있는 수준을 훌쩍 뛰어넘는 경험임을 알게 될 것이다.

다수의 동물이 겪는 고통을 피한 극소수의 동물은 분명 복 받은 존재일 것이다. 그러나 도시에서 응석받이로 자란 반려동물은 선업을 쌓을 기회가 극히 제한되어 있다. 지적으로나 업 Karma 적으로 결핍된 이들에게 과연 의미 있는 성취를 이룰 희망이 있기나 할까?

이 책을 읽고 있는 독자를 포함한 많은 이들이 자신을 평범하거나 평균적인 삶을 살고 있다고 생각할 것이다. 이것은 물론 우리가 속한 지역 사회를 기준으로 보면 사실일 수 있다. 하지만, 지구 반대편의 많은 사람이 우리가 당연하다고 여기는 혜택에 접근조차 못 하고 있다는 사실을 생각해 보라. 당신이 '평균'이라 여기는 소득과 교육, 의료 체계, 법 체계, 공공질서, 민주주의는 사실 극소수만 누릴 수 있는 혜택이다. 그저 평범하다고 여겼던 존재 방식이 사실은 엄청난 특혜인 것이다. 현실적으로 선진국의 중산층으로 산다는 것은 전 세계 상위 10%에 드는 가장 운 좋은 사람이라는 뜻이다. 이는 나머지 90%가 꿈만 꿀 수 있는 수준의 여유와 풍요를 누리는 삶이다.

이런 맥락에서 상위 10%에서 8%로 이동하고 싶은 욕망, 그러니까 더 큰 집과 자동차, 주식 포트폴리오를 손에 넣고자 하는 욕망은 마치 복권 당첨자가 5억 5,400만 달러 말고 5억 5,600만 달러를 달라고 떼쓰는 상황과 같다. 우리는 이미 누가 봐도 확실한 승자이다. 여기에서 더 많이 원하는 것은 도무지 감사라고는 모르는 태도인 것이다.

## 🪷 흔치 않은 불교의 지혜

그런데도 이 모든 것에 만족하지 못한다면 〈람림〉의 '여유와 복'에서 말하듯 불교의 가르침을 배울 기회를 얻을 확률은 더욱 낮아진다. 이 기회가 중요한 이유는 불교가 제공하는 마음 다스리는 기술 없이는 결코 망상의 그물에서 벗어날 수 없기 때문이다. 그 망상에는 몇 가지가 있다. 사람과 사물이 우리의 해석과는 무관하게 고정된 본성을 지닌다는 믿음, 사람이나 사물이 우리를 행복하게 해줄 것이라는 믿음, 외부 조건이 마음속 긍정적 이미지보다 더 오래 행복을 지속시켜 줄 거라는 착각, 그리고 우리는 신과 같은 존재가 아니라 그저 평범한 인간에 불과하다는 믿음이 그것이다.

우리는 이런 믿음을 거의 아무런 비판 없이 품고 산다. 마음 깊숙이 뿌리내려 있다 보니 의심하거나 깨뜨리려는 시도조차 거의 하지 않는다. 바로 이런 이유로 불교의 가르침은 흔치 않을 뿐 아니라 참으로 귀하다. 왜곡된 현실 인식을 근본적으로 바꿔 줄 뿐 아니라 이 생을 넘어 운명의 주도권을 쥐게 해주는 수행법을 제시하기 때문이다.

티베트 불교가 세상에 알려지기 시작한 것은 그리 오래되지 않았다. 과거에는 번역본도 극소량에 불과했고 가르침을 전할 스승은 거의 찾아볼 수 없었다. 그렇다면 현재 '여유와 복'을 누리는 상위 10%의 사람 중에 불교를 접할 기회를 가진 이는 얼마나 될까? 더 나아가, 그 가르침을 실제로 실천할 카르마를 지닌 사람은 또 얼마나 될까? 수천 명 가운데 한 명꼴이라 해도 과장이 아닐 것이다.

다시 말해, 불교의 가르침을 따르는 사람은 전 세계 인구 중 퍼센트 단위로 표현하기조차 어려운 극소수다. 그것도 오직 인간 세계만을 기준으로 했을 때의 이야기다. 여기에 동물계를 포함하고 다른 차원의 존재와 무수한 행성들까지 고려한다면 그 가능성은 말할 것도 없다. 이 모든 조건을 생각해 보면 우리가 이렇게까지 불교의 가르침을 접할 수 있다는 자체가 실로 경이로운 행운이라 하지 않을 수 없다.

부처님은 이 핵심을 다음과 같은 비유로 잘 설명했다.

넓고 깊은 바다에 황금으로 된 작은 고리가 하나 떠 있다. 그리고 바다 밑바닥에는 눈이 먼 거북 한 마리가 백 년에 한 번 수면 위로 머리를 내민다. 눈먼 거북이 황금 고리의 정중앙으로 머리를 넣을 확률은 얼마나 되겠는가?

이처럼 인간으로 태어날 확률은 눈먼 거북의 머리가 황금 고리에 들어갈 확률만큼이나 미미하다. '여유와 복'을 갖춘 인간으로 태어날 확률은 그보다도 훨씬 더 희박하다.

# 🪷 내 안의 파우스트

이런 방식으로 생각해 보면 우리가 직장 때문에 안달하고, 야망을 이루지 못해 좌절하고, 집안에서 짜증을 부리며 살아간다는 것이 왠지 모르게 민망한 일 같다. 믿을 수 없을 정도로 귀한 복을 타고났는데 지금 우리는 어떻게 살고 있나. 사실 대부분의 시간을 진정으로 의미 있는 일과 거리가 먼 곳에 쓰고 있다.

크리스토퍼 말로Christopher Marlowe의 유명한 희곡《닥터 파우스트Dr. Faustus》는 초자연적인 힘을 얻기 위해 악마에게 자신의 영혼을 팔아버린, 야망으로 가득 찬 한 의사의 이야기다. 의사는 전지전능한 능력의 대가로 자신의 영혼을 내맡기지만, 결국 그 힘을 의미 있는 일에 쓰지 못하고 잔재주를 부리는 데에만 허비하고 만다. 이 드라마의 비극은 바로 여기에 있다. 그는 값비싼 대가로 얻은 능력을 제대로 활용하지 못하고 하찮은 일에 허비한 끝에 후회 속에서 악마들에게 끌려가 지옥에 떨어진다.

그런데 우리는 과연 이 파우스트 박사와 얼마나 다른가. 정신적으로 성장할 수 있는 극소수의 행운을 타고났으니 조금만 의식적으로 살아도 자신과 타인 모두에게 선한 영향을 미칠 수 있을 텐데. 왜 우리는 사소한 일에 목숨을 걸며 삶의 가장 높은 목표를 카리브해의 빌라 수영장에 누워 피나 콜라다를 홀짝이는 정도로 축소해 버리고 마는 걸까?

우리가 얼마나 극도로 귀한 기회를 가지고 태어났는지 한번 생각해 보자. 무수한 생명 가운데 우리는 어째서 이렇게 드문 특혜를 지닌 존재로 태어났을까?

앞에서 간단히 언급했듯이 불교는 어떤 일도 우연히 일어난다고 보지 않는다. 모든 것은 카르마에 따라 움직인다. '마음의 흐름'이라는 드넓은 시간 속, 어느 소중한 순간에 이 귀한 생명의 씨앗이 심어진 것이다. 우리가 과거에 누군가에게 기쁨을 주었거나 고통을 덜어주고자 했던 선한 행위는 현생에서 그 업의 결과, 즉 업보로 나타난다.

석가모니 부처님 역시 인간으로 태어나기 오래전, 지옥계에 있었던 시절이 있었다. 그곳에서 함께 고통받던 존재에게 자비를 느꼈던 바로 그 순간, 그는 깨달음을 향한 여정을 시작했다.

우리가 원하기만 한다면 우리의 미래와 진정한 행복은 물론이고 건강과 부, 심지어 피나 콜라다 한 잔까지도 스스로 책임지고 만들어갈 힘을 가질 수 있다. 매일 수백, 수천 개의 선한 씨앗을 심을 수 있는 길은 우리 앞에 열려 있다. 그리고 그 씨앗들은 언젠가 반드시 긍정적인 열매로 돌아온다. 그렇다고 당장 하던 일을 그만두고 자선 사업가가 되어 제삼 세계로 가라는 말은 아니다. 배우자와 아이들을 남겨두고 히말라야로 수행 길을 떠나란 소리는 더더욱 아니다. 지난 장에서 언급했듯이 우리가 매일 맞이하는 도전이 곧 행복을 이루어 갈 소중한 기회다.


## 🪷 제한된 기회

대부분의 중생은 선업을 쌓고 마음을 닦을 기회가 극히 제한적이다. 그들의 짧은 삶은 두려움과 공격성으로 가득 차 있어 결국 악업을 쌓게 된다.

반면 우리는 선업을 쌓을 기회가 무궁무진하다. 그렇다면 우리는 이 일을 제대로 해내고 있는가. 행동과 말, 마음가짐을 매일 돌아보며 우리가 어떤 업을 쌓고 있는지 살펴보라.

다시 강조하지만, 극소수의 중생만이 누릴 수 있는 귀한 삶이 우리에게 주어졌다. 게다가 끝없이 되풀이되는 고통스러운 윤회의 고리를 끊을 수 있는 드문 기회까지 우리 앞에 놓여 있다. 이 성취는 온전히 우리의 마음에 달려 있다. 만약 우리가 그것을 놓친다면 불교 성자 수리야Aryasurya의 말처럼 되고 말 것이다.

> 보물섬을 찾으러 떠났다가
> 빈손으로 돌아온 상인처럼
> 십선十善. Ten Virtues의 길을 따라가지 않으면
> '여유와 복'의 삶을 얻을 수 없을 것이다.

## 🪷 가장 위대한 스승

> 영적 경험이 없는 세속의 사람에게
> 죽음은 희망을 거의 남겨두지 않는다.
> 미래 삶의 방향을 통제할 수 있는 힘은
> 죽음의 순간이 아니라 사는 동안 길러야 하는 것이다.
> – 달라이 라마

내 친한 친구는 18살에 지뢰를 밟았다. 로디지아 군대에서 복무하던

객의 업무는 짐바브웨 무장 세력이 설치한 지뢰를 제거하는 것이었다. 지뢰는 예상치 못한 곳에 함정처럼 설치되어 있었다. 지뢰가 폭발했을 때, 그는 불과 얼마 떨어지지 않은 곳에서 누운 채로 왼쪽 옆구리에 모든 충격을 그대로 받았다.

그는 헬리콥터로 병원에 후송되었고 며칠 동안 잠깐씩 의식이 돌아올 때마다 자신이 곧 죽을 거라고 생각했다. 큰 외상을 입고 병원에 있다는 것 말고는 아무것도 알지 못한 채로 삶의 끝을 향해 가고 있다고 확신했다.

객의 상태가 안정되자 의식도 조금씩 회복되기 시작했다. 그리고 곧 자기의 머리에 붕대가 감겨있음을 발견했다. 두 눈이 지뢰 파편에 상했기 때문이었다. 객은 눈이 먼 상태로 남은 인생을 살아야 한다는 말을 들었다.

하지만, 객은 놀라운 회복력을 보여 다시 일어나 걸을 수 있었고 한쪽 눈의 시력도 되찾았다. 밤에 운전하는 것만 빼면 일상생활에 큰 불편이 없을 정도였다. 그러나 더 놀라운 변화는 마음가짐이었다. 사건이 일어나기 전 객은 삶을 지나치게 심각하게 받아들이는 내성적이고 고독한 사람이었다. 그러나 폭발을 겪은 뒤에는 누구나 함께하고 싶어 하는 편안한 사람이자 재치와 활기가 넘치는 대화 상대자로 변했다. 학창 시절, 늦은 밤 술자리에서도 객은 늘 중심에 앉아 대화를 이끌었다. 한편으로는 다리의 피부 위로 밀려 나온 중국제 지뢰 파편들을 하나씩 떼어내 책상 위 유리 시험관에 보관하곤 했다. 그 파편들은 그의 삶을 송두리째 바꿔 놓은 사건을 섬뜩하게 상기시키는 상징물이었다.

# 🪷 하루하루를 선물처럼 여기며 살기

수피교도ₛᵤfᵢₛ 들 사이에는 이런 말이 전해진다. "죽으려고 하면 살 것이다." 내가 알기로 잭은 이 말을 굳게 믿었다. 실제로 죽음과 영원한 실명의 공포가 사라졌을 때 그는 자신에게 주어진 엄청난 행운을 떠올렸다. 모두가 죽을 거로 생각했던 순간을 넘긴 그는 지금도 하루하루를 덤으로 주어진 선물이라 여기며 살아가고 있다.

잭의 경우가 특별한 경우는 아니다. 치명적인 심장병이나 말기 질환의 위기를 넘긴 사람 가운데 우선순위가 완전히 달라진 경우를 자주 본다.

죽음을 정면으로 마주하는 순간 우리는 무엇이 진짜 중요한지 깨닫는다. 그리고 대부분 별로 가치 없는 일에 삶을 허비해 왔음을 발견한다. 과거는 되돌릴 수 없지만, 현재와 미래를 바꾸기에는 아직 늦지 않았다는 사실도 알게 된다. 잭처럼 이른 나이에 그런 통찰을 얻은 것은 극소수에게만 주어지는 특권이다. 그런 사람들은 자신이 얻은 지혜로 남은 삶을 더 깊고 충만하게 살아간다.

이런 이유로 불교는 자기 죽음에 대해 깊이 명상할 것을 강조한다. 생각날 때 가끔 떠올리는 정도로는 부족하니 매일 죽음을 성찰하라고 가르친다. 이 말을 들으면 어떤 사람들은 불교가 음침한 구석이 있다고 여긴다. 그리고는 "왜 자꾸 부정적인 면을 강조하느냐, 더 긍정적이고 행복한 생각을 해야 하지 않느냐."라고 묻는다.

하지만, 역설적으로 대답은 '아니다.'이다. 잭과 수많은 이들의 삶이 보여주듯, 진정으로 죽음을 직면한 사람만이 삶의 소중함을 깊이 깨닫는다. 부처님은 이렇게 말했다. "정글 속에선 코끼리의 발자국이 가장 크고 뚜렷한 이정표가 되듯, 삶에 있어 죽음은 가장 위대한 스승이 된다."

## 🪷 불편한 진실

바쁜 현대인이 직면한 과제는 삶의 진가를 알아보는 것이다. 우리는 일과 가정생활, 여가 활동에 매몰되어 사느라 제대로 삶을 살피지 못할 때가 많다. 그래서 삶은 시련을 통해 우리가 얼마나 위태롭게 살아가는지 일깨워준다. 사실, 우리에게 내년이나 다음 달, 심지어 내일이라는 시간이 계속 주어질 거라는 보장은 없다.

하지만, 보통의 사람들은 자동차 사고나 응급 상황 같은 생명을 위협하는 위기를 이례적인 것으로 여긴다. 자연스레 본인은 평균 수명을 다 살다 갈 것처럼 생각한다. 그리고 그때까지는 죽음으로부터 안전할 거라 믿는다.

불교는 이런 접근이 부정확할 뿐 아니라 죽음을 부정하는 행위의 하나로 간주한다. 죽음은 삶에서 유일하게 확실한 사건이지만 대부분은 죽음에 대해 진지하게 생각해 보려 하지 않는다. 대중에게 많은 사랑을 받은 미국인 불교 스승 라마 수리야 다스Lama Surya Das 는 이렇게 말했다. "우리는 죽음이 늘 우리 곁에 있다는 사실을 애써 외면하려 한다."

우리는 왜 이런 걸까?

인간이란 살점과 뼈로 이루어진 존재일 뿐 죽으면 모든 것이 끝난다고 믿는 사람들은 굳이 죽음을 성찰하며 불행해질 필요 없다고 말하곤 한다. 하지만, 잭의 이야기가 보여주듯, 허무주의자조차 실제로 죽음을 맞닥뜨리고 나면 오늘 하루가 얼마나 소중한 시간인가를 깊이 느끼며 매일 아침을 새롭게 맞이하게 된다.

삶이 영원하지 않음을 스스로 상기하는 것만으로도 스트레스는 줄어든다. 책임감과 마감의 압박은 산酸처럼 삶의 여유와 즐거움을 서서히 부식시킨다. 이럴 때 불교의 무상無常을 떠올릴 필요가 있다. 무상이 지금의 감정과 상황에 대한 관점을 바꿔주는 강력한 도구이기 때문이다. 모든 것이 찰나에 지나지 않음을 기억하자. 그러면 감정에 휘둘리지 않고 더 맑고 균형 잡힌 눈으로 살아갈 수 있다.

내 친구 중에는 늘 남을 대신해 일한다는 마음으로 출근하는 사람이 있다. 다시 오지 않을 시간이라 여기며 최선을 다하는 것이다. 일하면서 굳이 만약의 상황으로 스트레스 받으며 자신을 괴롭힐 필요는 없다. 그냥 하루짜리 대타라 생각하면 한결 가벼워진다. 이 논리를 확장해 보자. 퇴근길에도 평생의 배우자가 아니라 오늘 하루만 최선을 다해 함께할 사람이 있는 집으로 돌아간다고 상상해 보라. 아기를 돌볼 때도 마찬가지다. 잠시 머무는 집이라 여긴다면 그 순간에 집중하는 일이 훨씬 쉬워진다.

우리의 삶은 찰나의 경험이 끊임없이 이어지는 과정이다. 불과 5년에서 10년 전만 돌아봐도 분명히 알 수 있다. 우리가 무언가를 확정 짓고 영원히 지속될 것처럼 여기기 시작하면 그때부터 삶은 힘들어진다.

무상을 지혜로 여기는 종교는 비단 불교뿐 아니라 유대교와 이슬람교도 있다. 솔로몬은 좋은 시절에는 감사함을 잊지 않고 힘든 시절에는 굳

건히 헤쳐 나가기 위해 자신의 반지에 이런 문구를 새겨 무상의 지혜를 기억했다. "이 또한, 지나가리라."


## 🪷 여왕과 쿠카버라 Kookaburra

죽음 후의 삶을 생각할 때 불안한 이유는 상실의 두려움 때문이다. 내가 아는 모든 것이 사라진다고 생각하면 두려운 게 당연하다. 과연 죽음 이후에는 무엇이 있을까?

달라이 라마는 이렇게 말했다. "우리 주위를 둘러보면 어느 곳 하나 고통의 수렁에 걸려들지 않은 곳이 없습니다. 삶이 끝나면 고통이 계속되지 않을 거라 확신할 수 있나요? 오히려 죽은 뒤에는 우리를 지켜줄 부와 권력, 친구나 육신도 없는 상태가 됩니다."

물질적 차원에서 죽음은 모든 사람을 동등하게 만드는 장치이다. 로덴 스님은 제자들 사이에서 널리 회자되는 한마디를 남겼다. "여왕이 죽으면, 그날로부터 여왕과 쿠카버라는 동등해진다." 쿠카버라는 사람의 웃음소리와 비슷한 기이한 울음소리를 내는 오스트레일리아산 새로 부, 지위, 인맥, 육체가 모두 사라져 버리면 아무리 여왕이라도 한날한시에 죽은 쿠카버라와 다를 바 없는 존재라는 뜻이다. 여왕이든 새든, 죽은 뒤에는 그저 '마음의 흐름'만 남는다. 이 둘은 더 이상 육체나 신분으로 존재하지 않고 오직 깨어 있는 의식과 투명한 알아차림의 상태로 자기 자신을 경험하게 될 것이다.

우리도 마찬가지다.

이에 관해 샨티데바는 아주 예리한 통찰을 전한다.

> 엄청난 부를 쌓고
> 명예를 누리며 세상의 찬사를 받았다 한들,
> 그 모든 부와 명성을 짊어진 채
> 어디로 사라져 가는가.

더 이상 세상에 존재하지 않는 유명인은 모두 어떻게 됐을까. 귀족들과 정치인, 영화배우, 거물급 기업가, 록 스타나 다른 유명 인사는 모두 어디로 갔을까. '여유와 복'을 갖춘 인간으로 환생하는 데 필요한 선업을 쌓았을까. 혹은 그들이 낮은 차원의 세계에 있어서 선업을 쌓기 힘든 상태인 건 아닐까. 아니면 저 창문 밖 나무 위에 앉아 있는 새의 정신이 되었을까. 우리의 마음은 어디로 흐르고 있을까.

## 🪷 죽음의 과정

티베트 불교에서 죽음의 과정은 매우 중요한 주제이다. 티베트 불교에서는 죽음의 여러 단계인 '바르도Bardo'와 중간 단계, 환생에 관해 아주 상세하게 설명한다. 소걀 린포체Sogyal Rinpoche는 그의 기념비적인 작품 『The Tibetan Book of Living and Dying티베트 생사서』에서 죽음에 직면하거나 임박한 사람에게 매우 유용한 지침을 제공한다.

이 책에 따르면 불교는 죽음만이 아니라 우리가 얻은 행운까지 깊이 성찰할 때 비로소 최고의 삶에 이를 수 있다고 가르친다. 지금 우리는 극소수의 사람만이 누려온 특별한 기회 앞에 서 있다. 그러나 이 기회는 언젠가 반드시 사라질 것이며 어쩌면 오늘이 마지막일 수도 있다. 만약 이 기회를 놓친다면, 지금, 이 순간 우리 마음에 충분한 선업을 쌓아두지 않는 한 앞으로 어떤 일이 닥칠지 누가 알 수 있겠는가.

물론 돈을 벌고, 가족을 부양하며, 휴가를 즐기는 세속적인 가치를 추구하는 것은 지극히 자연스러운 일이다. 하지만, 마음가짐과 동기가 바람직하지 않다면 세속적 만족은 오래가지 못한다. 더구나 장차 아무런 이득이 되지도 않는데 단 한 번뿐일 수 있는 소중한 기회를 허비한다면 그것만큼 큰 비극은 없다. 달라이 라마는 이렇게 말했다. "거지처럼 살다 가지 말라. 아무런 도움이 되지 않는 일만 하다가 결국 빈손으로 죽고 마는 거지처럼 살지 마라."

불교는 지금, 이 삶의 행복은 물론 깨달음이라는 궁극의 환희까지 이룰 수 있는 길을 제시한다. 또한, 죽음의 과정과 그 이후에 이어지는 바르도를 잘 통과하도록 돕는 정신적 도구도 제공한다. 이를 통해 최소한 좋은 환생을 이룰 수 있으며 더욱 정진한다면 끝없는 윤회의 고리를 끊고 해탈에 이를 수 있다.


## 🪷 살아있는 본보기

우리는 경전이나 스승의 가르침을 맹목적으로 믿기 때문에 진리로 받아들이는 게 아니다. 다만, 서로 다른 정신적 진화 단계에 있는 사람들을 직접 보고 경험함으로써 그것이 진실함을 깨달은 것이다. 마음을 완전히 다스린 이들의 죽음은 실로 경이롭다. 어떤 이는 숨과 심장이 멈췄음에도 며칠 동안 명상 자세를 유지한 채 생전과 다름없는 건강한 빛을 발한다. 또 어떤 이의 임종 때는 집안이 무지갯빛 광채로 가득 차고 방 안에는 성스러운 향기가 감돈다.

이 사례들은 고대의 우화가 아니라 지금도 실제로 일어나고 있는 일들이다. 대부분 동양의 작은 마을에서 일어났고 굳이 증명할 자료를 남길 필요가 없었으며 사랑하는 이의 죽음을 드러내고 싶지 않았기에 널리 알려지지 않았다. 이런 현상들은 드물지만 수행을 성취했다는 특별한 징표로 여겨지며 인도의 일부 지역에서는 언제나 자연스러운 일로 받아들여져 왔다.

가장 특별한 경우는 죽음을 맞이한 후에도 다시 태어나 이전 생에서 맡았던 성육신의 임무를 이어가는 경우이다. 예를 들어, 현재의 달라이 라마는 끊임없이 이어지는 정신의 흐름을 계승하여 14번째 환생한 티베트 불교 지도자로 여겨진다.

하지만, 달라이 라마만이 유일한 성육신이 아니다. 서양에도 환생을 거듭한 자가 많이 있다. 그중에서 가장 유명한 사람이 라마 예셰Lama Yeshe이다. 그는 티베트 불교 겔룩파Gelugpa의 스승으로 서구에 티베트 불교를 소개하고 전파하는 데 큰 공을 세운 인물이다.

## 라마 예세의 이야기

> 쇠로 된 새가 날고, 바퀴 달린 말이 달릴 때,
> 티베트 사람들은 세상 곳곳으로 개미처럼 흩어져
> 붉은 얼굴의 사람들의 땅에 다르마를 전할 것이다.
>
> – 파드마삼바바Padmasambhava

라마 툽텐 예세는 미국에 불교를 전파하고 불교 대중화에 이바지한 선구자였다. 그는 동양과 서양 사이에서 중요한 가교 역할을 했다. 그의 친구였던 작가 비키 매켄지Vicki Mackenzie는 "라마 툽텐 예세는 순하고 따뜻하며 재밌고 항상 활기가 넘쳤습니다. 때로는 절묘할 정도로 감동을 주신 분입니다. 자신의 메시지를 전하기 위해 가능한 모든 수단을 동원해 끊임없이 우리에게 손을 내미셨습니다."라고 말했다. 영국 국영 신문사 기자였던 비키 매켄지는 일반 대중을 대상으로 환생이라는 주제에 대해 글을 쓴 최초의 인물이었다. 그녀가 쓴 베스트셀러 『Reincarnation: The Boy Lama환생: 소년 라마』에는 스페인 소년 오셀Ösel의 이야기가 나온다. 오셀은 달라이 라마가 인정한 라마 툽텐 예세의 환생이었다.

1935년에 티베트에서 태어난 라마 예세는 아주 어린 나이에 종교 지도자가 되기를 간절히 염원했다. 라마 예세는 근처 사원의 불교 집회에 참석하기를 좋아했다. 그가 집에 돌아올 때면 수도원으로 다시 가게 해 달라고 애원할 정도였다.

라마 예세가 여섯 살이 되었을 때, 부모는 그가 티베트 불교 겔룩파의 사원 중 하나인 세라Sera Monastery의 하위 학부인 세라 제Sera Je에 입학하는 것을 허락했다. 그는 사원 전통을 지키며 25살이 될 때까지 고승들로부터 다양한 가르침을 받았다. 방대한 법전을 암송하고 분석하며 열띤 논쟁을 벌이는 방식으로 공부했던 라마 예셰는 세라 제를 떠날 무렵 이미 모든 과정에서 두각을 나타내고 있었다.

1959년, 종종 "중국인들은 우리가 이제 티베트를 떠나 외부 세계를 만날 때가 되었다고 친절히 말해주죠."라고 에둘러 말하던 그는 부탄을 통해 티베트를 탈출해 북동 인도에서 다른 티베트 난민들과 합류했고 학업을 계속 이어갔다. 그곳에서 그는 자신의 애제자, 툽텐 조파 린포체 Thubten Zopa Rinpoche를 만나게 된다.

## 🪷 FPMT의 시작

1960년대 중반 라마 예셰가 서른이 되었을 때 처음으로 서구인들과 조우하는 중대한 사건을 맞았다. 그리고 미국인 여성 지나 라체프스키 Zina Rachevsky의 요청이 계기가 되어 라마 조파와 함께 네팔로 가게 되었다. 몇 년 후, 그들은 카트만두 근처에 있는 '코판'이라는 이름의 언덕 꼭대기 땅을 구매할 수 있었다. 1969년, 그들은 그곳에서 마하야나 곰파 센터Mahayana Gompa Center, 대승불교 사원 센터을 세운다. 그리고 1971년, 이곳에서 20명의 수강생을 대상으로 최초의 명상 수업이 시작되었다. 1974년 일곱 번째 수업이 진행될 무렵에는 인기가 폭발적으로 많아져 수강생 수를 200명으로 제한할 정도가 되었다.

이렇게 소박하게 시작한 FPMTFoundation for the Preservation of the Mahayana

Tradition, 대승불교전통보존재단는 지금 전 세계에서 가장 큰 티베트 불교 조직 중 하나로 성장했다. 1970년대 중반, FPMT는 마리화나를 피우는 히피들부터 진지하게 자아를 찾기 위해 인도를 찾은 구도자들까지 수천 명에 달하는 서구권 학생들을 배출했다. 자연스럽게 라마 예셰는 직접 서구로 가르침을 전하러 가게 되었다. 시간이 흐르며 그의 영어 실력은 물론이고 서양 문화에 대한 이해도 깊어졌다. 그의 존재감은 평범한 수준을 뛰어넘는 것이었다. 그가 전하는 사랑과 자비심, 장난기 어린 유머 속에서도 번뜩이는 지성은 학생들의 마음을 울렸고 많은 이들이 그의 가르침에 감동해 눈물을 흘리곤 했다.

비키 매켄지는 그녀의 저서 『Reincarnation: The Boy Lama』에 이렇게 기록했다.

> 라마 예셰의 대답은 언제나 놀라웠습니다. 꼭 우리가 듣고 싶었던, 아니 필요로 하던 말이었죠. 그는 우리가 가진 이분법적이고 편협한 사고방식을 철저히 깨부쉈습니다.
> '이 미키 마우스 같은 마음 좀 보세요! 너무 좁고 틀에 갇혀 있잖아요!'라고 하시던 그의 말씀이 아직도 생생합니다. 라마 예셰의 말씀은 마치 기적 같았습니다. 평범하고 상식적인 말인데도 복잡하게 얽혀 있던 문제들이 단번에 명료해졌어요.
> 우리가 느꼈던 혼란과 걱정은 너무도 간단하게 풀려버렸죠. 그는 우리 모두를 하나로 묶어 그 어떤 경계도 무의미하게 만들어주셨습니다.

1970년대 중반부터 1984년까지, 라마 예셰는 유럽, 영국, 미국, 호주를 두루 여행하며 수많은 제자에게 깊은 인상을 남겼다. 그는 사람들을 더 잘 이해하려고 티베트 전통을 거리낌 없이 넘어서기도 했다. 기독교 수도원을 방문하거나 호주 해변에서 사흘을 보내며 해변 문화를 체험하기도 하고 디즈니랜드에서 군중 속에 섞여 들기도 했다. 언제나 절제된 기운을 지닌 라마 조파와 함께 다니면 라마 예셰의 활달한 성격도 균형을 갖출 수 있었다. 그렇게 많은 사랑을 받던 라마 예셰는 1984년 초 로스앤젤레스에서 심장 이상으로 세상을 떠났고 이 소식에 전 세계 제자들은 큰 충격과 슬픔에 빠졌다. 그때 그의 나이 겨우 49세였다.

라마 예셰는 마지막 4개월 동안 병을 극심하게 앓았고 의학계조차 그가 그때까지 생명을 유지한 것을 기적으로 여겼다. 지나치게 자신을 혹사한 탓에 심장이 정상보다 두 배나 커져 있었다. 라마 예셰는 생전에 이렇게 말했다. "내가 10년 전부터 지금까지 살아 있는 이유는 오직 만트라의 힘 덕분이오."

이제 모든 준비를 감독하는 일은 그의 충실한 제자 라마 조파에게 맡겨졌다. 모든 일은 로스앤젤레스의 시더스 시나이 병원에서의 밤샘 간호로 시작되었다. 깊은 깨달음을 이룬 많은 스승들처럼 라마 예셰는 육신의 죽음 후 이틀간 깊은 명상 상태에 머물렀고 마지막에 머리를 아주 미세하게 움직임으로써 의식의 전이가 성공적으로 이루어졌음을 알렸다. 이후 그의 육신은 콜로라도의 볼더 크릭에서 화장되었다.

# 🪷 새로운 시작

1985년 2월 12일, 스페인 그라나다에 살고 있던 마리아와 파코 사이에서 오셀 이타 토레스Ösel Hita Torres라는 아이가 태어났다. 마리아의 입장에서는 계획된 임신이 아니었기 때문에 그렇게 반가운 소식은 아니었다. 부부에게는 이미 여섯 살이 안 된 아이가 네 명이나 있었고 집은 발디딜 틈조차 없었다. 건축업자였던 아버지 파코는 몇 개월째 실직 상태였으며 가족은 빚에 허덕이고 있었다.

스페인 남부의 부비온 마을에서 살아가던 이 평범한 가족에게는 한 가지 특이한 점이 있었다. 그들이 티베트 불교에 깊은 관심을 두고 있었다는 것이다. 1977년 오셀의 가족들은 이비사섬에서 라마 예셰가 주관한 2주짜리 강의에 참석하게 된다.

마리아는 당시를 회상하며 "그분 같은 사람은 처음이었어요. 뿜어져 나오는 에너지와 힘이 너무나도 놀라웠죠. 그분은 자신의 얼굴과 손, 온몸을 동원해 우리를 이해시키려 했어요."라고 말했다.

그 후 오셀의 가족은 친구 프랑수아 카뮈와 함께 스페인에 명상 센터를 세울 꿈을 꾸기 시작했다. 라마 예셰는 그 뜻에 깊이 공감했고 가족은 6년 동안 전 재산과 온 힘을 쏟아 센터 건립에 나섰다. 알푸하라 산맥 깊숙한 외딴 땅에 길을 내고 머물 곳과 고요한 수행 공간을 하나하나 마련해 갔다.

그러던 중, 아들 오셀이 태어날 무렵 아주 길한 징조가 나타났다. 예고 없이 방문한 달라이 라마가 이곳에 '오셀링Osel-Ling', 곧 '맑은 빛의 장소'라는 이름을 지어준 것이다. 오셀링은 수행자들이 지향하는 가장 섬세한 의식의 상태, 곧 '청정한 광명맑은 빛'을 뜻한다. 달라이 라마가 바쁜 일정 중 외딴 작은 곳을 찾은 것은 매우 이례적이었다.

돌이켜보면 마리아는 한때 라마 예셰에게 아이들 때문에 명상 집회에 갈 수 없다며 불평을 털어놓은 적이 있었다. 그때 라마 예셰는 이렇게 대답했다. "당신의 아이들이 곧 당신이 명상으로 수련해야 할 대상입니다. 아이 한 사람 한 사람을 부처님이라 생각하고 대하세요. 그들이 누구인지는 아무도 알 수 없으니까요."


## 🪷 첫 징조

처음부터 오셀에겐 남다른 구석이 있었다. 무엇보다도 분만 과정이 놀라울 만큼 순조로웠다. 마리아는 통증 없이 단 한 번의 수축으로 오셀을 낳았다. 오셀은 눈을 뜬 채로 울지도 않고 태어났다. 오셀은 태어난 첫날부터 매일 밤 통잠을 잤다. 울거나 배고프다며 칭얼대는 일도 거의 없었다. 그는 아주 조용하고 독립적인 아이였고 또래 아이들과 어울릴 필요조차 느끼지 않는 듯했다. 아기라고는 믿기 어려울 만큼 높은 집중력을 보이기도 했다. 머리카락 한 올처럼 아주 작은 물건을 손에 쥐고는 오랜 시간 말없이 바라보곤 했다.

오셀이 태어날 무렵, 가족의 운명에도 큰 변화가 찾아왔다. 아버지 파코에게 새로운 일거리가 쏟아져 가정 형편이 눈에 띄게 나아졌다.

마리아와 파코는 문득 자기 아기가 라마 예셰의 환생일지도 모른다는 이야기를 나누기도 했다. 그러나 다섯 아이를 키우며 명상 센터를 운영하기에도 벅찬 상황이었기에 그저 현재와 무관한 환상으로 일축해 버렸다.

오셀이 특별한 미래를 지닌 아이일지도 모른다는 첫 징조는 아기 오셀을 데리고 독일의 FPMT 센터 집회에 참석했을 때 나타났다. 그곳에서 라마 예셰의 제자이자 FPMT의 새 수장이 된 라마 조파가 아기를 보고 이름을 물었다. 그리고 집회 도중 이렇게 말했다. "지금, 이 순간, 라마께서 우리 가까이에 계십니다. 어쩌면 바로 이 방 안에 함께하고 계실지도 모르겠습니다."

두 달 뒤, 라마 조파는 강의를 위해 오셀링을 방문했다. 차를 마시던 중, 마리아가 잠시 자리를 비운 사이 그는 아기 오셀을 안고 조용히 법좌에 올랐다. 그리고 아이의 탄생 과정에서 특별한 점은 없었는지 자세히 물었다. 라마 조파는 단정적인 말을 남기지는 않았지만 오셀링을 떠나며 라마 예셰가 생전에 사용하던 염주 한 벌을 건넸다. 그것은 라마가 진언을 외우며 수행할 때 늘 손에 쥐고 있던 염주였다.

라마 예셰와 오셀이 연결되어 있을지도 모른다는 사실은 흥미로운 일이었지만 바쁜 일상에 밀려 다시 뒷전이 되었다. 사실 마리아와 파코가 알지 못했을 뿐 라마 조파는 꽤 오랜 시간 동안 라마 예셰의 환생을 찾고 있었다. 예지력을 지닌 여러 라마가 오셀이 라마 예셰라는 구체적인 단서를 제공했다. 인도에 있는 여러 신탁은 서로 다른 방식으로 부모 이름과 출생지를 정확히 지목하기도 했다. 툴쿠Tulkus, 타인을 깨달음으로 이끌기 위해 자발적으로 환생한 라마을 확인하는 데 필요한 엄격한 절차에 따라 라마 조파는 여러 가능성을 신중히 검토했다. 그리고 마침내 1986년 4월, 오셀의 부모에게 오셀과 함께 델리로 와 달라이 라마를 접견할 것을 요청한다.

다람살라로 향하는 기나긴 여정 후에 첫 번째 귀한 만남이 성사되었고 테스트가 이어졌다. 그 자리에서는 라마 예셰가 사용하던 의례 도구와 똑같이 생긴 물건과 눈길을 끌 만한 다른 물건들이 함께 오셀 앞에 놓였다. 오셀은 그때마다 정확하게 라마 예셰의 물건을 골라냈다. 결국 오셀은 정식으로 라마 예셰의 환생으로 선포되었다.

## 🪷 우리의 아이는 누구인가

나는 깨달음의 경지에 오른 이들이 어떻게 죽음의 과정을 통달하는지 보여주기 위해 라마 오셀의 이야기를 선택했다. 라마 예셰와 라마 조파의 활동은 이미 상당히 알려진 이야기이고 FPMT가 글로벌 조직으로 성장했으므로 신뢰할 만한 이야기라 생각했기 때문이다.

하지만, 이 사례는 결코 유일하다거나 특별한 사건이 아니다. 실제로 찾아보면 미국이나 캐나다, 뉴질랜드를 비롯한 여러 국가에서 환생한 툴쿠들의 사례가 더 많이 발견된다. 비키 매켄지의 또 다른 저서 『Reborn in the West서양에서의 환생』는 이와 같은 흥미로운 이야기들을 다수 소개한다. 예를 들어, 워싱턴 D.C. 외곽에서 명상 센터를 운영하고 있는 제쑨마Jetsunma의 경우가 그러하다. 그녀처럼 어떤 아이들은 서로 다른 종교적 배경을 지닌 가정에서 태어나 자라면서 자신도 모르는 사이 불교 수행을 자연스럽게 실천하곤 한다. 그들은 그것이 불교 수행이라는 사실을 모르고 있다가 어느 순간 마주친 일련의 '우연'들을 통해 자신이 결국 불교 수행을 행하고 있었다는 것과 함께 자신의 과거까지 깨닫게 되는 경우가 있다.

전생 회귀 분야에서도 많은 증거들이 나타나고 있다. 깊은 이완 상태나 최면 상태에 놓인 사람들이 마치 전생의 경험인 듯한 사건을 생생하게 회상하는 사례들이 보고되고 있다. 비록 불교의 수행 전통은 아니지만 전생 회귀는 환생이라는 개념을 뒷받침해 준다. 이 개념은 전통적인 유대교 집단과 초기 기독교 교회 내에서도 받아들여졌던 개념이다. 그러나 서기 543년, 유스티니아누스 1세 황제에 의해 공식적으로 금지되었다.

불교에서는 이 소중한 삶을 우리 안의 잠재력을 완전히 펼칠 기회로 여긴다. 그리고 '생과 환생'이라는 낯선 개념은 또다른 가능성을 열어준다. 이전 생에서 내 파트너는 누구였을까. 내 자녀들, 친구들, 반려동물은 어떤 인연이었을까. 어떤 카르마가 우리를 다시 만나게 만든 걸까. 나는 그때 누구였을까. 카르마와 환생을 통해 어떤 사람에게는 강하게 끌리고 다른 사람에게는 본능적으로 거부감이 드는 이유를 설명할 수 있지 않을까.

참깨만 한 걱정거리에서 벗어나, 그러니까 단지 몇 년 앞이나 기껏해야 은퇴 시점의 미래만을 떠올리지 말고 더 큰 그림을 그려보는 건 어떨까. 50년 계획이나 다음 생을 위한 계획은 어떨까. 이보다 에너지와 목적의식, 삶의 행운을 쏟을 만큼 가치 있는 목표는 드물 것이다.

# 6장

# 깨달음에 이르는
# 첫 단계

비전만으로는 부족하다.
모험을 해야 한다.
계단을 올려다보는 것만으로는 부족하다.
계단을 밟고 올라가야 한다.

– 바츨라프 하벨Vaclav Havel

아내와 함께 런던을 떠난 뒤, 나는 거창한 미래를 그려내는 대신 현재의 삶에 집중하기로 했다. 뉴욕은 세계 일주 여행의 첫 시작이었다. 우리는 미국 방방곡곡을 들른 뒤 피지를 거쳐 그레이트 배리어 리프를 향할 예정이었다.

나는 늘 미국에 마음이 끌렸다. 고즈넉한 매력을 지닌 뉴잉글랜드, 졸부의 분위기를 품은 라스베이거스, 찜통더위 속 나른함이 있는 미국 남부, 거대한 산업화의 상징인 북부까지. 미국의 독특하고 다양한 문화적 배경에 늘 감탄한다. 게다가 애국심과 자신감으로 똘똘 뭉친 것 같은 미국인의 모습은 또 어떠한가. 이는 분열해 자기혐오를 일삼는 다른 국가들이 배워야 할 모습이라 생각한다.

아내는 처음 가보는 브로드웨이와 타임스퀘어를 즐기고 싶어 했지만 나는 예전의 불만족스러운 경험 때문에 마음이 내키지 않았다. 물론 뉴욕의 규모와 에너지는 정말로 인상적이었다. 하지만, 그 곳에 감도는 시무룩하면서도 자기중심적인 분위기에는 정이 가지 않았다. 나중에야 이것이 런던 사람의 무뚝뚝한 겉모습처럼 하나의 가면일 뿐임을 깨달았다.

그것도 잠시 나는 곧 런던에서 들려온 소식에 온 신경을 빼앗기고 말았다. 에이전시가 이전 작품이 출간된 후 다른 소설 『Conflict of Interest 이해 충돌』의 요약본과 샘플 원고를 출판사 몇 군데에 보냈는데 놀랍게도 두 군데에서 판권을 사고 싶어 했다. 처음에 제시한 금액은 푼돈 수준이었지만 두 번째 출판사가 참여하자 제시 금액이 두 배로 늘어났다. 런던에서 온 팩스가 호텔방으로 수시로 전달됐다. 몇 시간 만에 한 권만 출간하기로 했던 계약이 두 권짜리 계약이 되었다. 팩스는 장황한 마케팅 제안서들을 차분히 쏟아냈다. 제안서에는 세계적인 베스트셀러 소설가로 만들어 주겠다는 약속도 담겨있었다. 그때의 짜릿하고 대담한 출판사의 약속은 언제까지고 두고두고 잊지 못할 것이다.

모든 상황이 신기하고 설렜지만 나는 동시에 어딘가 불편한 느낌을 지울 수 없었다. 2만 5천 파운드였던 원고의 가치가 며칠 사이에 5만 파운드로 뛴다는 게 말이 되는가. 내가 원고를 고친 것도 아니고 이야기가 달라진 것도 아니었다. 달라진 건 오직 출판사의 마음뿐이었다. 나는 이 생각을 애써 외면하려 했지만 그 뒤로도 문득문득 이때의 의문이 떠오르곤 했다.

숨 가쁘게 이어진 막판 경쟁 끝에 출판사가 결정되었다. 나는 18개월 치 수입에 해당하는 금액을 제시한 출판사를 선택했고 그 정도면 두 편의 소설을 쓰기에 충분한 시간이라 믿었다. 무엇보다도 이번 출판사만큼은 내 글쓰기를 장기적으로 바라봐 줄 것 같았다. 그들의 계획은 베스트셀러 작가가 될 때까지 나를 하나의 브랜드로 키우는 것이었다.

런던에서 계약을 마무리한 뒤 내 에이전시는 다음 목표를 뉴욕으로 정했고 이어 할리우드까지 그 목록에 올렸다. 해외 판권에 대한 논의가 시작되자 여러 나라에서의 번역 작업도 머지않아 이뤄질 기세였다. 들뜬 마음을 안고 아내와 나는 가장 사랑하는 작가 F. 스콧 피츠제럴드 F.Scott Fitzgerald 의 단골집인 더 플라자에서 저녁을 함께했다. 끝없는 좌절로 얼룩졌던 내 글쓰기가 처음으로 희망으로 가득 차올랐다.

되돌아보면 운이 좋았던 몇 년의 시간을 두고 지나치게 카르마적 의미를 부여하려 했던 것도 같다. 스트레스로 가득했던 직장을 그만두고 더 깊이 있는 삶을 살아가게 되었고 오랫동안 나를 비껴갔던 출판 계약도 마침내 성사되었다. 이 모든 것이 내가 명상을 시작한 덕분이었을까, 아니면 더듬거리며 불법의 길에 들어선 덕을 본 것일까. 하지만, 현실적으로 보면 나보다 훨씬 깊이 수행했음에도 여전히 경제적으로 힘든 사람이 많다. 카르마의 보상은 단기간에 돌아오기도 하지만, 진정으로 마음을 다스리는 일은 훨씬 더 오래 걸리는 일이다.

새로운 변화 덕에 나는 앞으로 어디에서 살지 스스로 선택할 수 있는 자유를 얻었다. 나는 오늘날 짐바브웨로 알려진 로디지아에서 태어나 자랐고 20대 초반에는 남아프리카에서 살았다. 그래서인지 내 마음은 늘 아프리카 대륙에 있었다. 작가 중에는 아프리카 대륙에 속해 있다는 강렬한 느낌을 유독 더 섬세하게 표현하는 사람들이 있다. 그중 대표적인 인물이 엘스페스 헉슬리Elspeth Huxley 다. 『White Man's Country백인의 나라』에는 눈에 보이지는 않지만 오래 동안 가슴을 떠나지 않는 아프리카의 매력이 탁월하게 그려진다.

······아프리카를 떠나온 이들에겐 때때로 섬광처럼 되살아나는 순간의 기억이 있다. 코끝에 스며드는 비 온 뒤 습지의 달큰한 냄새, 비포장도로 위에 일어나는 붉은 흙먼지의 간질거림이 아직도 생생하다. 귀에는 비를 알리는 빗새의 애잔한 울음과, 저 멀리 목청 깊은 곳에서 울려 나오는 아프리카인의 묘한 노랫소리가 여전히 맴돌고 있다.

나는 진심으로 아프리카로 돌아가고 싶었지만 마음이 아니라 머리를 따라야 했다. 남아프리카에서는 백인이 직업을 갖고 오래 살 수 없을 것 같았다.

햇살과 넉넉한 공간, 덜 분주한 삶이 있는 곳을 물색하다 결국 호주 퍼스로 향했다. 그곳은 아내의 고향이었고 곧 나의 고향이 될 곳이기도 했다. 인도양 끝자락에 자리 잡은 퍼스는 세상에서 가장 외진 도시 중 하나이다. 그래서 더욱 만족스러운 삶이 가능한 곳이다. 퍼스는 끝없이 펼쳐지는 하얀 모래 해변과 지중해성 기후를 자랑한다. 도시 중심부는 먼지나 낙서, 쓰레기를 찾아볼 수 없을 정도로 말끔하다. 그리고 남쪽으로 몇 시간만 가면 마거릿강의 포도밭과 더 남쪽으로는 덴마크<sub></sub>서호주의 도시명와 올버니의 거친 해안선과 숲이 장엄하게 펼쳐진다.

퍼스에 정착하자 나는 곧장 『Conflict of Interest』 소설 작업에 돌입했다.

이사 기간이 끝난 후 먼저 남은 시간을 계산했다. 매일 출퇴근 시간으로 45분에서 한 시간을 썼지만 이제는 10분 남짓이면 족했다. 대도시 생활에서 오는 스트레스가 사라지고 나니 저녁 시간을 온전히 내 것으로 만들 수 있었다. 〈람림〉의 가르침이 아니었다면 단지 운이 좋다고만 여겼을 것이다. 막 뚜껑을 연 압력솥처럼 살다가 이제야 숨 쉴 틈이 생긴 정도로 생각했을 것이다. 하지만, 린포체의 가르침을 받은 후 나는 내가 얼마나 귀하고 드문 행운을 누리고 있는지 더욱 마음에 새길 수 있었다. 곧 이곳에서 진행되는 티베트 불교 수업을 알아보았고 제일 가까이 있는 티베트 불교회Tibetan Buddhist Society, TBS 에 방문하기로 했다.

나는 런던을 떠나온 후 줄곧 아침 명상을 해왔다. 집중력은 느리게 개선되고 있었지만 어디로 향하고 있는지는 몰랐다. 정보가 거의 없었기 때문에 티베트 불교회 말고는 더 나은 선택지를 찾을 수도 없었다.

티베트 불교회의 마운트 롤리 곰파Mount Lawley Gompa 에는 생기와 에너지가 가득했다. 런던의 글리브 스트리트 곰파와는 전혀 다른 기운이었다. 감사와 공양의 뜻으로 세워진 불상들은 똑같았지만 그곳에서 느껴지는 분위기는 훨씬 활기찼다. 이것이 호주 특유의 활달함일까, 아니면 생활 방식의 차이일까. 글리브 스트리트 곰파에서는 추운 날씨가 이어져 반바지나 반팔 차림은 좀처럼 볼 수 없었지만 이곳에서는 흔한 풍경이었다.

사실 이 열기의 진짜 원인은 따로 있었다. 그것은 마운트 롤리 곰파의 지도자 레즈 시히 Les Sheehy 때문이었다. 그는 퍼스에서 나고 자란 토박이로 아주 바쁜 사람이기도 했다. 몇몇 사업체를 운영하면서 남편과 아버지 역할에도 충실한 데다 스트레스 관리 상담 같은 활동을 포함한 지역 봉사 활동도 겸하고 있었다. 그는 또한 매주 적어도 두 시간씩 명상을 가르치고 일 년에 몇 차례씩 명상 집회를 이끌었다. 아내 마그 Marg 는 그를 도와 사찰 운영 전반을 담당하고 있었다. 활기차고 솔직하며 말에 힘이 있는 소통가인 레즈는 불법에 정통한 사람으로 유명했다. 게다가 다른 불교 지도자처럼 거리낌 없는 유머 감각까지 갖추고 있었다.

"오늘 우리는 귀의에 관한 장을 다루어 보고자 합니다." 레즈가 로덴 스님의 『Path to Enlightenment』를 펼치며 말했다. 이 책은 무게가 무려 1.2킬로그램에 이르고 두께만도 6센티미터가 넘는다. 영어 해석본 가운데 〈람림〉을 가장 포괄적으로 다룬 책이라 할 만하다. "자 이제 질문으로 시작하겠습니다."

경내에서는 장난스러운 탄식이 쏟아졌다.

레즈는 미소를 지으며 말했다. "간단한 질문부터 하죠. 한번 정의해보세요. 불교를 믿는 사람이란 무엇일까요?"

바로 어떤 사람이 손을 들고 말했다. "부처님의 가르침을 따르는 사람 아닐까요?"

"어떤 가르침이죠? 부처님은 8만 4천 가지 가르침을 주셨다고 하죠. 그럼 그중 몇 가지를 따라야 할까요?"

다른 사람이 말했다. "불교를 믿는 사람이란 깨달음에 이르기를 원하는 사람이라고 생각합니다."

레즈는 고개를 저었다. "위빠사나 불교도들Vipassana Buddhists, 즉 남방 불교 전통의 수행자들은 깨달음을 목표로 삼지 않습니다. 그들이 추구하는 것은 해탈Nirvana이며 이는 깨달음과는 다른 것이죠. 하지만, 그렇다고 해서 그들이 불교인이 아닌 것은 아니죠."

잠시 침묵이 흐른 뒤, 앞줄에 앉아 있던 사람이 말했다. "삼보三寶에 귀의한 사람이 아닌지요?"

"고마워요, 리차드."라고 말하며 레즈는 법당 안을 둘러보았다. "모두 이해하셨나요? 불교도는 부처님과 부처님의 가르침Dharma, 승가Sangha, 승려 공동체에 귀의하는 사람을 말합니다."

그러자 모두가 알아들었다는 듯 고개를 끄덕였다. "자 다시 질문하겠습니다. 우리가 귀의해야 하는 이유가 무엇이죠?"

누군가가 "각자의 동기에 따라 다릅니다."라고 대답했다.

레즈는 고개를 끄덕이며 말을 덧붙였다. "아주 좋아요. 카르마를 결정짓는 데 의도가 얼마나 중요한지 기억하시죠? 마찬가지로 당신이 왜 불법을 따르려 하는지 그 동기를 이해하는 것도 매우 중요합니다."

## 🪷 법도를 따라야 하는 이유

젊은 승려가 스승에게 물었다.

"어떻게 하면 속박에서 벗어날 수 있을까요?"

스승이 대답했다.

"누가 자네를 속박한 적이 있느냐?"

– 아드바이타Advaita 가르침 중

레즈는 설명을 이어갔다. 부처님은 서로 다른 지성과 이해력, 동기를 가진 사람들에 맞추어 무수한 가르침을 설파했다. 쉽게 말하자면 각자가 알아들을 수 있는 언어로 진리를 전달했다. 진흙 속에서 꽃을 피우는 연꽃의 비유를 떠올려보라. 우리 또한 각기 다른 자리에서 각자의 속도로 성장하고 있다.

불교에서는 다음 몇 가지 사실을 인식하는 과정에서 기본적인 동기가 형성된다고 본다. 가령, 다음 생애도 마음의 흐름이 정말로 이어진다면 어떠한가. 카르마의 법칙에 따라 업이 그에 상응하는 업보를 낳는다면 어떠한가. 합리적인 사람이 장기적인 관점에서 삶을 계획하듯 우리도 이 생애를 넘어서는 시야를 가져야 하지 않은가.

이 정도의 동기라면 아주 훌륭하다. 이번 생을 넘어 삶을 바라보는 태도는 삶의 굴곡을 헤쳐 나가는 데 큰 힘이 된다. 인생을 더 큰 그림 속에서 바라볼 수 있다면 피할 수 없는 좌절과 절망을 더 잘 이겨낼 수 있기 때문이다.

하지만, 이것이 끝이 아니다. 사성제의 지혜를 깊이 들여다보면 진정한 행복을 얻으려면 윤회를 넘어 미래를 준비해야 한다는 것을 알게 된다.

윤회는 '순환적 존재'를 간단히 표현한 말로, 무시無始, Beginningless Time 이래 인간의 생로병사는 끝없이 순환되고 있음을 의미한다. 하지만, 윤회의 진짜 정의는 '업과 번뇌Delusion 에 사로잡혀 돌고 도는 마음'이다. 끊임없이 생사가 반복되는 이유는 마음이 업과 번뇌에 사로잡혀있기 때문이다. 이와 반대로 업과 번뇌로부터 자유로운 마음은 해탈이라고 일컫는다.

여기서 중요한 것은 윤회나 해탈 모두 특정 물리적 환경이나 상태에 의존하지 않는다는 점이다. 해탈은 죽어야만 경험할 수 있는 불교식 천국이 아니다. 윤회도 마찬가지로 죽으면 끝나는 게 아니다. 무엇보다도 우리는 각각 지금, 이 생애에서 해탈을 경험할 수 있다.

불교는 살아 숨 쉬는 전통이기에 해탈을 경험한 사람을 찾아볼 수 있다. 그들도 우리와 같은 경험을 한다. 하지만, 그들은 질투나 조바심에 반응하지 않으며 마음의 상태를 행복하고 고요하게 유지할 수 있다. 달라이 라마가 바로 그 대표적인 예다. 조국을 잃고 수많은 동포가 고문당하고 살해되는 모습을 지켜봐야 했던 지도자의 입장이라면 냉소적이거나 복수심에 사로잡혀도 전혀 이상하지 않을 것이다. 하지만, 달라이 라마를 만난 사람들은 하나같이 그가 지극한 행복과 평온함으로 가득해 그보다 더 행복한 사람을 상상하기 어렵다고 한다.

# 🪷 출리심 Renunciation

많은 불교도가 업과 번뇌를 충분히 겪을 대로 겪었으니 윤회의 고통에서 벗어나기를 희망한다. 달라이 라마는 이것을 두고 이렇게 말했다. "세속을 벗어나고 싶은 마음이 마치 불타는 집에서 탈출하고자 하는 마음처럼 강렬하게 일어난다면 중간 수준의 동기를 지닌 수행자이다."

이 동기를 '출리심'이라고 한다. 출리심이라 하면 흔히 고행이나 자기 부정을 떠올리기 쉽지만 이 맥락에서는 단순히 불만족의 원인에서 벗어나려는 마음을 의미한다. 세속적 성취로는 지속적인 행복을 얻을 수 없으며 외부 조건이 아니라 내면의 힘을 길러야 한다는 인식이 출리심의 핵심 동기이다. 출리심은 해탈을 이루는 토대이며 그 상징은 흔히 연꽃으로 표현된다. 불상이 연꽃 위에 앉아 있는 형상인 이유가 여기에 있다.

하지만, 만약 우리가 해탈을 이룬다면 어떨까. 만약 우리가 극진한 노력으로 지극한 평화와 행복을 얻을 수 있다면 그것만으로 충분할까? 아니면 더 높은 수준의 동기가 있을까?

언젠가 필리핀에서 많은 관광객이 테러리스트에 의해 포로로 잡혀 정글에서 수개월을 지낸 적이 있다. 결국 몇 명씩 나눠서 풀려났는데 나는 다른 사람보다 며칠 일찍 풀려나 인터뷰를 했던 사람을 잊을 수가 없다.

극심한 궁핍과 불확실성, 죽음의 위협 속에 지내다가 안전하게 가족의 품으로 돌아오면 마냥 기쁠 거로 생각하기 쉽다. 그러나 그 포로의 마음은 달랐다. 그는 여전히 억류된 사람들을 생각하며 가슴 아파했다. 함께 극적인 사건을 겪는 동안 그들과 깊고도 특별한 유대가 생겼기 때문이었다. 그래서 그의 가장 큰 바람은 다른 사람도 모두 안전하게 풀려나 자신이 누리고 있는 자유를 함께 누리는 것이었다. 그때야 그는 진정으로 기뻐할 것 같았다.

## 🪷 보리심 Bodhichitta

깊은 동기를 가진 불교 수행자는 자기 혼자만의 해탈을 바라지 않는다. 그는 모든 중생이 함께 자유를 누릴 수 있도록 돕기를 바란다. 이런 마음을 불교에서는 '보리심'이라고 한다. 흔히 연민이라고 번역하지만, 이는 단순한 동정심이 아니라 깨달음을 통해 모두를 돕고자 하는 큰마음을 뜻한다. 보리심은 티베트 불교를 가장 잘 보여주는 핵심이다. 티베트 불교 수행자는 자신만을 위해 깨닫는 것이 아니라 다른 이들이 고통에서 벗어나도록 이끄는 것을 목표로 한다. 이 마음이 바로 보리심이다. 보리심을 품게 되면 우리도 부처님처럼 깊은 행복을 누릴 뿐 아니라 윤회의 고통 속에 있는 다른 존재들을 자유로 이끌 수 있는 사람이 된다. 이것이 티베트 불교가 말하는 가장 큰 길이다.

보리심은 매우 위대하고 고귀한 목표이다. 또한, 불교에서 가장 높은 차원의 동기이기도 하다. 불교가 극도로 긍정적인 종교로 여겨지는 이유도 여기에 있다. 우리는 과거와 현재를 아우르는 석가모니의 가르침과 수많은 부처님의 본보기를 따라 같은 길을 걷는 이들과 함께 궁극의 경지로 한 걸음씩 나아가기만 하면 된다.

보리심은 그만큼 심오하고 중요한 주제이기 때문에 다음 장에서는 이 보리심을 집중적으로 다룰 것이다. 출리심의 상징이 연꽃이라면 보리심의 상징은 부처님이 앉아 있는 은빛 달 모양의 방석이다.

초반에 나는 〈람림〉이 '깨달음의 길'로 번역된다고 언급했다. 더 정확히는 '깨달음에 점진적으로 이르는 길'로 번역할 수 있다. 이때 점진적이라는 말은 깊어지는 동기의 수준에 따라 단계를 구분한다는 의미다.

불법을 향한 열정이 아무리 크더라도 처음부터 모든 중생을 구하겠다는 거창한 목표보다는 자연스럽고 진실한 동기를 가져야 한다. 출리심은 특히 다루기 까다로운 동기다. 머리로는 자신이 출리심을 익혔다고 생각할 수 있다. 법전을 읽거나 가르침을 듣는 동안에는 출리심을 완전히 이해하고 실천할 수 있을 것 같다. 하지만, 막상 일상으로 되돌아오면 습관적으로 악업을 쌓는 행동을 한다. 그렇다. 우리는 모두 깨달음을 원한다. 하지만, 속으로 이 정도면 괜찮지 않을까 하는 생각도 한다.

이럴 때를 대비해 불교는 풍부한 가르침과 수행법을 제공한다. 〈람림〉은 불만족을 없애기 위한 훈련서이자 다양한 상황에 대응하기 위해 설계된 기술과 개념의 도구 상자와 같다. 우리는 지금, 이번 생뿐 아니라 다음 생에서 이어질 긴 여정 위에 있다는 사실을 기억해야 한다.

단기간의 노력으로는 큰 변화를 기대하기 어렵다. 헬스장에서 몇 주 운동한다고 갑자기 근육질로 변하지 않는 것처럼 깨달음의 길에도 규율과 인내, 그리고 꾸준한 노력이 필요하다. 그리고 결국 성공할 것이라는 믿음이 있어야 한다. 우리 주위에는 이미 훌륭한 본보기가 많이 있다.

하지만, 중요한 것은 첫걸음을 내딛는 것이다.

# 🪷 귀의란 무엇이며, 귀의가 아닌 것은 무엇인가?

유일한 실패는 시작하지 않는 것이다.

– 해럴드 블레이크 워커Harold Blake Walker

귀의란 안전하고 확실하게 의지할 곳을 찾는다는 뜻이다. 불교에서 귀의는 깨달음을 이룬 본보기인 부처님, 깨달음에 이르는 길을 알려 주는 가르침법, 그 여정을 함께하며 격려하는 수행 공동체승가에 의지하는 것을 말한다. 이 세 가지를 '세 가지 보물'이라는 뜻의 삼보三寶라 한다.

삼보에 귀의할 것을 서약하는 의식은 공식적으로 불교도가 되는 순간으로 여겨진다. 이 의식은 짧게는 10분 정도면 끝나며 이때 티베트 불교에서는 다음 구절을 반복해 외운다.

저는 깨달음에 이르기까지
불(부처), 법(불법), 승(공동체)에 귀의합니다.
보시와 그 밖의 수행을 통해 불도에 이르고
모든 중생에 이익이 되게 하소서.

이 의식은 개인에게는 매우 의미 있지만 다른 종교의 세례나 유대교 성인식처럼 큰 공식 행사가 아니다. 귀의 의식이 중요하긴 해도 미래를 단숨에 바꿀 만큼 중대한 의식으로 보지는 않는다. 인간의 변화는 점진적이기 때문이다.

보통 처음 귀의하면 위의 구절을 하루에 적어도 세 번은 반복해야 한다. 불교를 믿는다는 것이 무엇을 뜻하는지, 무엇을 향해 나아가야 하는지를 잊지 않기 위해서다. 이에 대해 달라이 라마는 이렇게 말한다. "귀의한 이후에는 몸과 말, 마음이 하는 일을 모두 살펴야 합니다. 마치 마음속에 보물을 간직한 것처럼 수행하며 살아야 합니다. 수행은 다른 사람 앞에서 자랑하기 위한 것이 아닙니다. 티베트 속담에 '다른 것은 그대로 두고 마음을 바꾸라.'라는 말이 있습니다. 이것은 초심자가 반드시 기억해야 할 조언입니다."

서양인들은 무엇이든 물질적으로 드러내려는 경향이 있어 출가한 비구나 승려를 본떠 염주를 차거나 삭발하기도 한다. 또 자신이 채식주의자임을 공공연히 알리거나, 지극한 행복에 도달했다고 호언장담하거나, 위대한 성자나 초월적 능력을 암시하는 행동을 하기도 한다.

어느 종교에나 다른 신자들을 난처하게 하는 추종자가 있듯 불교도 예외가 아니다. 그러나 진정한 티베트 불교에서는 가장 높은 수행자조차 자신을 평범하다고 강조한다. 달라이 라마 역시 자신을 '그저 평범한 승려'라 말하며 많은 불교인들이 이를 본받는다. 실제로 한 고승은 미국 첫 강연에서 자신이 '신비한 영적 인물'이 아니라 아무 깨달음도 얻지 못한 평범한 승려라 밝혔다. 과장이 익숙한 문화였던 탓에 청중은 크게 실망했고 두 번째 강연에는 거의 오지 않아 센터의 출발은 순탄치 않았다.

귀의하고 출리심을 갖는다고 해서 어렵게 모은 돈을 모두 기부하거나, 직장을 그만두고 무료 급식소에서 봉사하라는 말이 아니다. 물리적 환경을 당장 바꾸는 것은 본질과는 거리가 있다. '돈'이 악의 근원이 아니라 '돈을 사랑하는 마음'이 악의 근원이다. 이를 잘 보여주는 일화가 있다. 어느 승려가 부유한 왕자를 만나기 위해 궁에 갔다. 전통적으로 승려의 소유물은 옷 두 벌과 공양 그릇뿐이었다. 무더운 날씨라 왕자는 승려를 정원으로 안내했다. 잠시 후, 궁 쪽에서 하인이 달려와 소리쳤다. "궁에 불이 났습니다! 건물 전체가 불길에 휩싸였습니다!"

이 말을 들은 승려는 벌떡 일어나 외쳤다. "내 공양 그릇! 궁전에 두고 왔소!" 그는 그릇을 찾기 위해 급히 뛰어갔다. 반면 왕자는 정반대의 반응을 보였다. 왕자는 파괴되는 물질적 소유에 전혀 집착하지 않았다. 간단히 말해, 중요한 것은 무엇을 소유하느냐가 아니라 그것을 어떻게 대하느냐이다.

대부분의 불교 수행과 마찬가지로 귀의는 외부가 아니라 내면의 조건을 정비하는 일이다. 외형보다 믿음이 더 중요하다. 귀의했다고 해서 재정적 환경을 완전히 바꿀 필요도 없다. 정말 중요한 것은 행동·말·마음을 살피고 그 목적에 맞게 일관된 태도를 유지하는 것이다.

나는 종종 이런 생각을 해본다. 누군가가 하루 동안 불교도와 기독교인, 무슬림을 촬영한다고 해보자. 불교도는 불법에 따라 행동하고 기독교인은 성경을 무슬림은 코란을 따른다. 그 하루가 끝난 뒤, 제삼자는 누가 어떤 종교의 신자인지 구분하기 어려울 것이다.

요컨대, 우리는 모든 중생의 깨달음을 돕는 기회를 얻었다는 큰 자부심을 느낄 수 있다. 그렇다고 해서 그것을 과시할 필요는 없다. 귀의는 분명 중요하지만, 변화의 여정에서 그저 첫걸음일 뿐이기 때문이다. 마치 헬스장 회원권을 받은 첫날과 같다. 진짜 운동은 이제부터 시작이다.

# 7장

## 보리심으로
## 세상을 바라보면

깨달음의 정수

세상이 품고 있는 모든 기쁨은
타인의 행복을 빌어 줄 때 온다.
세상이 품고 있는 모든 불행은
자신의 쾌락만을 원할 때 온다.

- 샨티데바

이렇게 상상해 보자. 당신이 어떤 심각한 범죄를 저질렀다는 혐의로 재판을 받고 있다. 벌금으로 끝낼 수 없는 중대한 사건이라 감옥에 갈 가능성이 매우 높다. 그런데 그때 말도 안 되는 상황이 벌어진다. 판사가 감옥으로 보내는 대신 당신에게 24시간 내내 이어지는 특별한 형벌을 선고했기 때문이다.

법원에서 풀려나 일상으로 돌아간 당신은 겉보기에 자유로워진 것처럼 보인다. 그러나 여기에는 함정이 있다. 당신은 어디를 가든 보이지 않는 존재와 동행해야 한다. 이 존재는 모든 면에서 당신을 닮았다. 나쁘지 않다. 처음에는 그렇게 생각한다. 하지만, 이내 진짜 형벌이 시작된다. 그가 단 한 순간도 말을 멈추지 않는다. 아침에 눈을 뜨기 직전부터 잠드는 순간까지 "어쩌고저쩌고" 끊임없이 떠든다. 욕실에서도 단 5분의 고요조차 허락되지 않는다. 판사는 당신에게 절대로 홀로 있을 수 없는 형벌을 내린 것이다.

게다가 그는 혼란스러운 의식의 흐름을 따라 지껄여대며 당신을 괴롭힌다. 가끔은 정신이 맑아지기도 하지만, 문제는 이 존재가 오직 하나의 주제, 바로 '나'에 대해서만 24시간 떠든다는 점이다. 정말 미칠 노릇이다.

이 끝없는 말은 아무도 눈치채지 못한다. 이제 이 존재를 자아라고 부르자. 만약 자아의 끊임없는 혼잣말이 라디오로 송출된다면 사람들은 당신을 피할 것이다. 이유는 말이 많아서가 아니라 그 말이 전부 자기 자신에 대한 집착이기 때문이다.

이 이야기는 안타깝게도 생각보다 더 현실적이고 실재적이다. 자아는 늘 존재한다. 우리 눈에는 보이지 않지만 끊임없이 우리에게 속삭인다. 그리고 막상 자아를 붙잡아 책임을 물으려 하면 흔적조차 찾을 수 없다. 마치 T.S. 엘리엇의 시에 등장하는 수수께끼 고양이 맥캐비티처럼 말이다.

자아는 가장 교활한 책략가이자 필요할 때마다 여론을 교묘히 조작하는 것의 고수이다. 우리가 그를 대면하려 하면 자아는 늘 그럴듯한 변명으로 자신을 감춘다. 예를 들면 이런 식이다. "네가 화가 난 건 허영심이나 자만심 때문이 아니야. 그 사람이 너무 도발적으로 말했기 때문이지." 또는, "신용카드 한도를 넘겨 과소비한 건 허세를 부리거나 과시하려고 한 게 아니야. 그저 가족에게 더 나은 삶을 주고 싶었을 뿐이야."

우리가 자아의 교활한 왜곡을 간파했다고 가정해 보자. 그것이 얼마나 해로운지 깨닫는다 해도 우리는 이미 자아의 교묘함에 너무 익숙해져 있다. 그래서 그것을 평범한 일로 여기고 심지어 자연스러운 것으로 생각한다. 마치 우리가 원래 그렇게 태어난 존재인 양 착각하는 것이다.

더 나아가, 누군가가 우리의 자아를 좋아하지 않는 것 같을 때 그에 동의하기는커녕 상처받고 화를 내며 자아를 방어하려 든다. 이는 마치 스톡홀름 증후군에 걸린 납치 피해자같은 행동이다. 자아가 통제되지 않고 부정적인 데다 집착을 일삼는다는 걸 알면서도 우리는 기이하게도 자아를 다른 무엇보다 사랑하고 그의 변덕을 맞추려 애쓴다. 그러고는 자아가 특별하고 똑똑하며, 성공적이고 인기 있고, 부유하고 강력하며, 심지어 계몽되었다고 믿으려 최선을 다한다. 자아가 어떤 집착에 빠져 있든 개의치 않는다. 그렇게 하다 보면 어느 순간 우리는 자아가 우리의 의식을 완전히 지배하도록 내버려두고 결국 자아를 우리 존재의 본질, 즉 '진짜 나'라고 착각하게 된다.

유명한 매거진들은 자아를 드러내는 것이 인간 존재의 가장 숭고한 목표인 양 가르친다. 그리고 누군가가 이를 방해하면 그들을 행복을 위협하는 적으로 간주하고 그런 부정적인 사람과 상황에서 벗어나야 한다고 생각하게 만든다.

동기부여 전문가들은 우리에게 이렇게 말한다. "자신을 믿어라." 우리는 고급 수입차나 중력, 혹은 모차르트 협주곡을 믿으라는 말을 듣지 않는다. 그런데 왜 자아는 믿어야 한단 말인가. 자아는 아주 어둡고 고통스러운 비밀을 가지고 있다. 사실 자아는 생각보다 훨씬 더 많이 우리의 신념에 기대어 생존한다. 이에 대해서는 나중에 더 다루겠다.

사회는 자아의 권리를 보호하는 것을 매우 중요시한다. 광고는 자아의 광적인 집착을 교묘히 파고든다. 광고업계는 짧은 시간 동안 명성을 이용해 자신이 중요한 존재임을 느끼고 싶어 하는 자아의 욕망을 기발하게 이용한다.

불교의 관점에서 자아를 숭배하는 일은 완전히 미친 짓이다. 이보다 더 우리의 불행을 확인시켜 주는 게 없기 때문이다. 우리가 고통스러운 이유는 그야말로 전부 습관적으로 자아를 만족시키려 하기 때문이다.

불교에서 이것은 절대 특별한 것이 아니다. 현대 심리학자 사이에서도 자아를 숭배하는 경향이 점점 도를 넘고 있다고 여겨진다. 불교의 가르침이 서구 사회에서 인기를 끌고 있는 이유 중 하나가 우리 시대에 만연한 이런 불행을 잘 설명해 주기 때문이다.

우리는 자신의 행복에 집중하면 할수록 오히려 더 불행해진다. 여전히 돈과 사랑, 자신에 대한 영향력을 손에 넣는 것이 행복으로 가는 길이라고 믿는다. 전통적인 소비주의와 사회적 믿음은 이런 망상을 부추긴다. 그러나 냉정히 바라보면 개인의 고독이라는 작은 세계이든 항우울제 소비라는 거대한 추세이든 둘 다 부정할 수 없는 사실 하나를 드러낸다. '나 중심주의Me-ism'가 우리를 불행하게 만든다는 것이다. 샨티데바의 말을 빌리면 이렇다.

우리는 모두 행복을 추구하지만,
정작 행복에는 등을 돌린다.
우리는 모두 불행을 피하고 싶지만,
불행의 씨앗은 스스로 거둬들인다.

정신과 의사이자 작가인 트레버 터너Trevor Turner 박사는 월간 국제 시사·사회 문제 전문 잡지에서 이렇게 말했다. "오늘날 자기중심주의의 물결은 사회 전체에 독을 퍼뜨리고 있습니다. 그 결과, 비행기나 도로에서 이유 없이 분노를 폭발시키는 '에어 레이지'와 '로드 레이지', 그리고 외모에 대해 왜곡된 인식을 가지는 신체 이형증 같은 현상이 나타나고 있습니다. 이는 우리가 외부 세계에 헌신하기보다 개인의 욕망에 집착하고 있음을 보여주는 증거입니다."

자기 중심주의의 역설에 대한 불교의 대처 방안은 간단하면서도 심오하다. 이타심이야말로 우리가 모두 추구하는 지속적인 행복의 근원이라는 것이다.

많은 사람이 이타심이 문제 해결의 열쇠라는 데 동의한다. 그러나 그것을 실제로 실천하는 일은 전혀 다른 문제다. 달라이 라마는 이렇게 말한다. "무지와 '나'에 대한 집착은 태초부터 우리와 함께해 왔습니다. 집착, 갈등, 분노, 질투와 같은 감정은 우리의 의식 깊숙이 뿌리내리고 있죠. 이것을 없애는 일은 방 안의 어둠을 없애려고 스위치를 켜는 것처럼 간단한 일이 아닙니다."

다행히 불교는 이 과제가 인생 전체를 걸쳐야 하는 일일지라도 이타심을 기를 수 있는 창의적이면서도 근본적이고 강력한 도구를 우리에게 제공한다. 카르마의 법칙이 보여주듯 관대함은 결국 우리 자신에게 이익이 된다. 그리고 보리심을 이해하면 우리가 타인을 대하는 태도를 근본적으로 바꿔놓을 수 있다.

## 🪷 참된 자기 이익의 길

어떤 일의 끝에, 그것이 누가 한 일이든 간에,
스스로에게 물어보는 연습을 하라.
"이 일의 의도는 무엇일까?"
이 질문을 할 때에는, 자기 자신에게서 시작하라.
우선 자신을 깊이 살피라.
– 마르쿠스 아우렐리우스Marcus Aurelius

보리심의 정확한 의미는 무엇일까? 보리심의 정확한 정의는 '타인을 위해 깨달음을 얻고자 하는 욕망'이다. 이는 기술적으로는 맞는 말이지만 보리심의 근본 동기를 충분히 설명하지 못한다. 보리심의 동기는 모든 살아 있는 존재에 대한 깊은 자비심이다. 달라이 라마는 불교를 간단히 '자애'라고 설명한다. 여기서 '자애'는 보리심에 해당하며 이는 깨달음에 이르는 길임과 동시에 모든 것을 포괄하는 궁극적인 목표이다.

부처님은 주변 사람들이 병들고 늙고 죽음을 맞이하는 모습을 목격한 후에야 비로소 자기중심적인 생활 방식을 바꾸기로 결심했다. 오직 자신만을 위한 궁전에서의 삶으로는 진정 행복할 수 없음을 깨달았기 때문이다.

그렇다고 모두가 세속을 떠나 승려가 될 순 없다. 그럴 필요도 없다. 대신 자아로 가득한 생각의 방향을 의도적으로 타인에게 돌리는, 이른바 '상징적인 떠남'을 실천하면 된다.

바쁜 사람에게 자기 말고 타인을 생각하라니 시간이 부족하다고 생각하거나 '내 일과 가족을 책임지는 것만으로도 벅차다.'라고 생각할 수 있다. 혹은 '선한 일에 시간을 쓴다면 내 일을 감당할 수 없게 될 것'이라고 생각할 수도 있다.

하지만, 이 문제는 시간의 문제라기보다는 태도의 문제이다. 같은 회사에서 일하는 변호사 두 사람이 퇴근 전 동시에 초과 근무를 받았다고 하자. 그것도 3일 연속으로. 한 명은 '이런 제기랄. 내 일상이 제대로 돌아가지 않잖아! 도대체 자기가 뭔데 그래? 수임료 청구할 때 두고 보자. 불편함에 대한 대가를 받아 낼 거야.'라고 생각할 수 있다. 나머지 변호사는 이렇게 반응한다. '음, 인내심을 연습할 좋은 기회가 생겼네. 고객의 요구를 정확히 들어주면 나에게 다 돌아올 거야. 나뿐 아니라 모든 중생이 더 쉽고 빠르게 깨달음에 이를 수 있을 거야.'

두 번째 변호사가 성인군자 같은 사람이라서 그런지 아니면 정반대의 사람이어서인지 몰라도, 어쩌면 이 생각을 하면서 스스로 모순적이라고 느낄지도 모른다. 그러나 이런 생각을 떠올리는 것만으로도 다시 말해 자기 일에 더 높은 의미를 부여하는 것만으로도 스트레스가 덜어진다. 어차피 두 사람 모두 늦게까지 일해야 하는 상황, 다른 선택지는 없다. 하지만, 그 상황을 대하는 태도는 선택할 수 있다. 보리심에서 비롯된 동기는 우리가 너무 쉽게 빠져드는 '피해자 심리'보다 스트레스에 대응하는 데 훨씬 유익하다.

보리심에서 상황을 바라보면 또 다른 이득도 있다. 바쁜 사람의 큰 문제는 모든 일을 결국 무가치하게 느끼는 것이다. 어쩌면 추가로 남아서 해야 할 그 일은 두 파트너 모두에게 늦게까지 일할 만큼 중요한 일이 아닐 수도 있다. 업무를 거부하면 당장은 고객이 소리를 지르고 발을 구를지 모른다. 하지만, 6주만 지나면 다른 일에 밀려나 완전히 잊혀 질 것이다. 게다가 지금 맡은 업무가 특별한 업무가 아니라 변호사라면 누구나 잘할 수 있는 일이라면, 그렇다면 도대체 누가 이 일에 만족감을 얻을 수 있겠는가?

하지만, 보리심으로 상황을 바라보면 모든 일이 가치 있다. 타인을 돕고자 하는 마음만큼 이타적인 것은 없고 깨달음보다 높은 목표는 없다. 이 목표를 마음에 새기면 강력한 긍정의 에너지가 생긴다. 저녁 시간을 빼앗겼다며 분노하는 이와 다르게 자신의 희생이 헛되지 않음을 아는 이는 훨씬 스트레스가 적다. 만약 이런 일이 한 번으로 끝난다면 그들의 태도는 그리 중요하지 않을 것이다. 그러나 장기적으로 봤을 때 누가 더 가치 있게 사는 사람일까? 답은 두 번째 변호사일 가능성이 높다. 이러한 차이가 결국 우리를 더 건강한 삶으로 이끈다. 낮은 스트레스와 혈압, 질병에 대한 강한 저항력도 모두 보리심의 태도와 관련이 있다.

후자의 태도가 달라이 라마가 말한 '현명한 이기심'이다. 우리는 모두 행복을 원한다. 그리고 그 행복에 이르는 가장 확실한 길은 타인의 행복에 이바지하는 것이다. 그러나 이러한 생각의 전환은 쉽지 않고 하룻밤 사이에 이루어지지도 않는다. 부처님의 가르침에는 보리심을 진심으로 받아들이도록 돕는 경문이 셀 수없이 많다. 보리심의 실천법을 말하기 전에 먼저 그 가르침들을 살펴보자.

## 🪷 보리심의 이로움 인식하기

우선 보리심이 우리에게 어떤 이득을 주는지 살펴보자. 보리심을 처음 접할 땐 대부분의 사람에게 이상적인 소리처럼 들린다. "평생 남을 위해 사는 것? 다 좋은 소리지. 하지만, 그렇게 살면 이용만 당할 거야." 보통은 이렇게 생각한다. 선한 심성을 가지면 단물 빠진 껌처럼 이용당하고 버려지고 말 거라고 말이다. 하지만, 그렇다면 모든게 대체 무슨 소용이란 말인가.

이미 충분히 전달되었기를 바라지만 한 번 더 말하자면 불교는 약해지기를 권하지 않는다. 불교의 목적은 피해자를 만드는 것이 아니라 스스로 힘을 기르는 것이다. 오히려 우리가 자주 듣는 말인 '자기 자신부터 챙겨라.' 같은 기만적이고 파괴적인 나르시시즘이야말로 불행의 진짜 원인이다.

마음을 열고 주위를 둘러보자. 타인을 생각하는 것이 행복의 근원일까. 아니면 자기 자신에게만 집중하는 것이 더 나은 방법일까.

나의 이웃에 사는 두 자매 할머니의 사례가 이를 잘 보여준다. 몇 년 전 남편을 잃은 두 할머니는 최근 도시락 배달 복지 서비스에 많이 의지하고 있다. 동생 필리스 할머니가 이 서비스를 이용하는 이유는 돈이 부족해서가 아니다. 매일 요리하는 수고를 덜어줄 뿐 아니라 사람을 간간이 만날 수 있어 즐겁기 때문이다. 할머니는 나이가 들어 외출이 잦지 않다 보니 외로움과 우울증에 시달렸다. 할머니에게 도시락 복지 서비스의 가치는 단순한 음식이 아니라 점점 좁아지는 세상 속에서 누군가와 긍정적으로 연결될 수 있는 통로였다.

반면, 언니 다프네 할머니는 동생보다 살림이 빠듯하다. 도시락 배달 서비스는 할머니의 형편에 꽤 큰 도움이 된다. 그럼에도 다프네 할머니는 뚜렷한 목적의식과 바쁜 일상에서 생기 넘치는 삶을 살고 있다. 다프네 할머니는 세상과의 연결을 끊지 않았고 활기찬 일상을 유지한다. 그 핵심 이유는 바로 이 도시락 배달 서비스 업체에서 봉사활동을 하고 있기 때문이다. 다프네 할머니는 교외 지역으로 도시락을 배달하며 종종 동생 집에도 들른다. 서비스 대상자들을 비롯해 본사 팀 직원들까지 수많은 사람과 친분을 쌓았다. 또 직원 게시판의 소식을 빠짐없이 확인하고 여름 점심 모임과 크리스마스 파티에도 늘 초대된다. 경제적으로 어렵고 나이도 동생보다 많았지만 두 사람 중 누가 더 행복한지는 2분이면 충분히 알 수 있다.

내 생각의 범주에 타인을 포함하면 행복이 커진다. 반대로 자신만을 생각할수록 우리는 불행해진다. 필리스와 다프네 할머니의 사례를 통해서도 알 수 있지만 직접 경험해보면 확실히 알 수 있다. 살면서 가장 불행했던 순간을 떠올려 보라. 그때 무엇을, 아니, 정확히 누구를 생각하고 있었는지 살펴보면 놀라운 사실을 발견할 것이다.

나는 인생에서 가장 힘들었던 시기를 또렷이 기억한다. 런던에서 혼자 지낼 때, 내가 좋아하던 여자는 헬리콥터를 가진 남자와 사귀고 있었고 나는 그와 비교조차 되지 않았다. 1990년대 초 경기 불황 속에 경력은 멈춰 있었으며 작가의 꿈은 환상만 좇다가 허송세월로 흘러가고 있었다.

우울한 생각은 모두 결국 '나'에서 비롯된다. 술과 안정제 복용을 일삼으며 내가 행복해질 수 있는 유일한 길은 그녀의 남자 친구가 헬리콥터와 함께 북대서양의 얼음 바다에 추락하는 것이라 생각했다. 아니면 출판업자가 내 진짜 실력을 알아주는 수밖에 없었다. 그때까지 내가 할 수 있는 최선은 자신을 현실로부터 무감각하게 만드는 일이었다.

가끔은 불행은 자초하는 것임을 그때 알았더라면 어땠을까 생각한다. 그러나 설사 누가 아무리 자세히 설명해 주었더라도 그 진리를 진지하게 받아들이진 않았을 것 같다. 설령 내가 '현실을 해석하는 내 방식'이 문제라는 걸 알아차렸더라도 과연 무엇을 어떻게 바꿀 수 있었을까.

마침 상황이 바뀌었고 그에 따라 내 삶도 새롭게 흘러갔다. 하지만, 원하는 것을 이루어도 결국 나름의 어려움이 늘 동반된다는 걸 알았다. 사실을 좀 다르게 볼 수 있었던 때는 한참이 지나서였다.

불행이 자기 집착에서 비롯되지 않는 경우도 분명 있다. 예를 들어, 끔찍한 병을 진단받은 아이를 둔 부모의 상황이다. 하지만, 이런 경우 보리심이 필요 없는 게 아니라 오히려 더 절실해진다. 극심한 고통 속에서도 자녀의 문제에 매몰되지 않고 더 큰 맥락에서 바라보는 사람들이 있다. 어떤 이들은 그 경험을 계기로 봉사나 자선 활동에 참여하며 자신의 비극을 타인을 돕는 촉매제로 삼는다. 그들은 자신을 잔인한 신이나 무관심한 우주의 희생양으로 여기지 않는다. 대신 더 긍정적인 시선으로 과거를 내려놓고 앞으로 나아간다.

우리는 자신 뿐 아니라 타인의 삶까지도 자신만의 방식으로 분석할 필요가 있다. 우리는 가장 어두웠던 시간을 대면하고 스스로에게 물어야 한다. 자기 자신을 너무 많이 생각했을 때 얼마나 불행했는지를. 그리고 타인과 더 긍정적으로 교류했더라면 어땠을지를.

반대로 깊은 행복을 느꼈던 순간은 언제였는가. 그때 나는 무엇에 몰두하고 있었나. 다시 그 상황을 만들어낼 수 있는 걸까.

우리가 무엇을 그리고 누구를 생각할지 선택할 자유가 있다는 사실만으로는 깨달음에 이를 수 없다. 그러나 이 단순한 진실 속에는 헤아릴 수 없는 행복과 슬픔의 근원이 함께 자리하고 있다.

## 🪷 자기 vs 타자

보리심을 선택해야 하는 또 다른 이유는 평등심平等心에 있다. 우리는 대개 주위 사람을 '친구'와 '적' 또는 '낯선 이'로 분류한다. 그리고 그렇게 분류한 결과에 따라 태도와 행동을 결정한다. 오스카 와일드는 익살스럽게 이런 말을 하기도 했다. "도덕은 우리가 싫어하는 사람을 대할 때 나오는 태도이다." 우리는 친구의 단점은 눈감아 주지만 다른 사람에게는 그렇게 하지 않는다.

불교는 우리의 이런 비논리적인 본성에 반기를 든다. 우리가 지금 가장 아끼는 사람도 한때는 완전히 낯선 사람이었다는 것을 잠시 생각해 볼 필요가 있다. 동시에 한때 아꼈던 사람을 지금은 참을 수 없어 한다는 것도 그렇다. 그러므로 '친구'나 '적', '낯선 이'라는 분류는 고정된 것이 아니며 우리가 예상치 못한 순간에 갑자기 변할 수 있다.

나는 특히 네덜란드의 전시 여성 영웅인 샬롯 판 뵈닝언Charlotte Van Beuningen의 이야기를 좋아한다. 독일이 네덜란드를 침략한 뒤 샬롯은 군대에 있던 아들은 물론이고 딸들과도 모두 연락이 끊긴다. 그것도 모자라 그녀의 집안은 독일군 병사들로 북적이게 되었다.

1942년 2월, 로테르담에 있는 샬롯의 집 근처에 커다란 강제 수용소가 세워졌고 저항한 혐의가 있는 사람은 누구든 투옥되었다. 곧 강제 수용소의 물이 오염되었으며 수용자들이 극심한 기아 상태에 빠져있다는 충격적인 소식이 전해졌다. 샬롯은 자신의 가족이 그곳에서 이루 말할 수 없는 고통 속에 있을지도 모른다는 불안을 떨쳐 버릴 수 없었다.

어느 날 아침, 독실한 신앙인이었던 샬롯은 기도를 드리던 중 아주 비범한 생각을 떠올렸다. 그녀는 수용소를 찾아가 식량 보급을 할 수 있는지 물었고 뜻밖에도 담당 사령관을 만날 수 있었다. 하지만, 그는 수용소가 부상병 치료소인 척하며 제안을 정중히 거절했다. 그리고 거절의 말을 전하며 실수로 자기 아들이 러시아 전선에서 싸우고 있다는 사실을 흘리고 말았다. 그 순간을 놓치지 않고 샬롯이 말했다. "당신 아들도 언젠가 강제수용소에 올 수 있겠군요. 만약 누군가가 그곳에 추가로 식량을 보내려 한다면 당신은 어떻게 하시겠습니까?" 샬롯의 한마디에 사령관은 자신과 이 네덜란드 여성이 본질적으로 같은 처지에 놓여 있다는 사실을 깨달았다. 정치적으로 두 사람은 적이었으나 부모와 자식 간의 애틋함을 공유하며 깊은 유대감을 느꼈고, 경계심은 결국 무너지고 말았다. 사령관은 샬롯에게 식량을 허락했다.

'친구'와 '적', '낯선 이'와 같은 분류는 변화 앞에서 무력하다. 불교는 '자기'와 '타자'라는 구분에 대해 깊이 성찰하라고 한다. 우리는 매일 아침 비슷한 바람으로 하루를 시작한다. 안전하기를, 평안하기를, 성취하기를. 다른 사람도 나와 똑같이 행복을 원하고 고통에서 벗어나기를 바란다. 독일 사령관과 네덜란드 여성이 그랬던 것처럼 말이다. 결국 그들의 바람은 동일했다. 차이를 만드는 것은 오직 각자가 처한 상황일 뿐이다.

이 개념은 사실 내가 유난히 어려워하는 가르침이다. 거리를 걷다가 누군가를 마주칠 때면 나는 아주 짧은 순간에 그 사람이 어떤 사람인지 판단을 내리고 즉시 이질감을 만들어 낸다. 그것이 긍정적이든 부정적이든 기어이 경계를 형성하고야 만다. 나는 이성적으로 이것이 잘못되었다는 것을 알지만 조건화된 습관은 하루아침에 사라지지 않는다. 심지어 몇 년이 지났음에도 잘 없어지지 않는다.

하지만, 천천히, 우리는 변한다. 순간적으로 그런 판단을 했다고 해도 최소한 잘못된 판단이라는 생각을 바로 떠올린다. 자기와 타자 사이에 세운 그릇된 장벽을 무너뜨리고 나면 타인의 안녕을 바라는 것이 그렇게 허황한 이상으로만 느껴지지 않을 것이다. 모두가 같은 희망을 품고 있다는 걸 깨달을 때 우리는 평등심을 갖게 된다. 이때야 비로소 돕고자 하는 마음이 쉽게 일어난다. 모든 중생을 위해서 깨달음을 얻고자 하면 그 바람은 더 진실한 열망이 된다.

# 🪷 진심을 다하는 마음의 중요성

트레버와 제인은 두 명의 친구 덕분에 극심한 경제적 어려움에서 벗어난 커플이다. 10년 전 의대생이던 시절, 그들은 정부 대출로 간신히 생활을 이어가고 있었다. 그때 보험 없는 청년이 낸 교통사고로 제인이 거액의 병원비를 떠안게 되면서 두 사람의 빚은 감당할 수 없을 만큼 불어났다. 트레버와 제인은 어쩔 수없이 시간제 일자리를 구해야 했고 이로인한 극심한 스트레스는 공부는 물론 그들의 관계까지 위협했다. 그때, 이웃에서 은퇴 생활을 하던 빌이 이 상황을 알게 되었다. 빌은 부유한 형제로부터 막대한 유산을 상속받은 직후였고 곧 세계 일주를 떠날 터였다. 그는 자신과 늘 원만한 관계를 유지해 오던 젊은 부부의 역경에 마음이 쓰였다. 어디에 써야 할지 모를 만큼 많은 돈을 막 상속받았던 그는 여행을 떠나기 전 트레버와 제인에게 현금을 선물로 건넸다. 그 덕분에 두 사람은 대부분의 빚을 갚을 수 있었다. 뜻밖의 관대한 선물에 송구스럽고 감사한 마음이 가득했지만 그들은 선물을 받은 지 며칠 만에 여행길에 오른 빌에게 어떻게 고마움을 전해야 할지 몰랐다.

7년 후, 트레버와 제인은 정식으로 의사가 되었다. 그런데 첫 아들이 태어난 직후 트레버가 일했던 병원 측에서 의료과실로 소송을 걸었고 승소를 했다. 트레버는 하루아침에 일자리를 잃었고 자신의 잘못이 아닌데도 큰 빚을 떠안게 되었다.

이번에는 함께 골프를 치던 친구가 그를 도와주었다. 트레버를 아들처럼 생각했던 어니스트가 병원을 개업할 수 있도록 지원해 준 것이다. 이에 따라 신속히 빚을 탕감할 수 있게 되었다.

너무 감사했던 트레버와 제인은 어니스트를 저녁 식사 자리에 초대했다. 그 후에 그들은 자주 어울리기 시작했다. 트레버와 제인은 어니스트에게 아무리 잘해줘도 모자라다 생각했으며 둘째 아들이 태어났을 때 중간 이름을 어니스트로 지으며 그에게 대부의 명예를 안겨주었다.

하지만, 이 이야기에는 생각지 못한 반전이 있다. 세계 일주를 마치고 돌아온 빌은 재정 일을 도맡았던 변호사가 모든 재산을 배돌리고 흔적도 없이 사라졌다는 사실을 알게 되었다. 절망과 궁핍에 빠진 빌은 곧 길거리에 나앉게 되었다.

트레버와 제인은 빌이 구걸을 하고 있던 슈퍼마켓을 자주 지나쳐 갔다. 그러고는 그를 완전히 무시했다. 그들이 최소한의 제스쳐만 취했더라도 빌에게는 큰 변화가 일어났을지도 모르지만 비틀거리며 망가진 늙은 남자에게 그들이 보인 반응은 기껏해야 무관심이었고 오히려 혐오감을 드러낼 때가 더 많았다. 고급 승용차를 타고 빌의 초라한 거처를 지날 때 경찰이 그를 데려간 것을 보고는 안도감마저 느꼈다.

그들은 어니스트에게는 아무리 잘해줘도 모자라다 느꼈지만, 어니스트 못지않게 많은 것을 베풀었던 빌을 대할 때는 정반대였다. 왜 그랬을까? 물론 그들이 냉혈한이거나 은혜를 잊었거나 그것도 아니면 정상적이지 않은 심리적 특이점이 찾아왔기 때문이 아니었다. 그들이 빌을 완전히 무시한 이유는 생각보다 단순했다. 빌을 알아보지 못한 것이다. 덥수룩한 수염에 허리를 구부린 채 완전히 무너져 내린 빌은 그들이 알던 빌과는 전혀 다른 사람이었다. 그들에게 슈퍼마켓 앞에 앉아 있는 늙은 남자는 그저 또 하나의 노숙인일 뿐이며 사회복지 제도의 실패와 복지 시스템의 부실함을 상기시키는 불편한 존재일 뿐이었다. 그런 그에게 왜 특별한 관심을 기울여야 한단 말인가.


##  윤회로 맺은 관계들

불교의 관점에서 우리는 모두 트레버와 제인이다. 어쩌면 그들보다 더 나쁠 수도 있다. 우리는 각자 수없이 많은 존재로부터 크나큰 빚을 지고 있다. 이제는 그들이 베푼 친절에 보답할 차례이다. 하지만, 보통은 빚을 갚아야 할 대상을 모르고 지나친다. 우리 자신에게 너무 몰두하다 보니 그들의 존재를 알아채거나 주의를 기울일 틈이 없기 때문이다.

불교는 무엇을 근거로 이렇게 놀라운 주장을 펼치는 것일까?

달라이 라마는 이렇게 말했다. "시작도 없는 시간부터 수십억의 생애를 거치면서 우리는 모든 살아있는 존재를 경험했고 알고 지내왔습니다. 예외 없이 모든 사람은 서로에게 어머니였던 적이 있습니다. 그러니 어떻게 그들에게 무관심할 수 있겠습니까?"

'시작도 없는 시간'은 우리로서는 이해하기 힘든 개념이다. 공룡이 세상을 다스리던 시절이나 모든 대륙이 하나였던 시절을 상상하는 것도 벅찬데 은하가 생겨나기도 전인 시공간으로 거슬러 올라가는 일은 가늠할 수조차 없는 일일 수 있다.

불교의 관점에서 생명체는 지능이 있든 없든 간에 다양한 세계와 많은 수의 다른 우주에 존재해 왔다. 그래서 무한한 과거에 대해 이야기 할 때는 단순히 우리가 속한 세계나 행성 또는 우주만 생각하면 안 된다.

우리 마음의 흐름도 끝도 없는 과거로부터 이어져 온 것이다. 이것을 잘 설명해 줄 수 있는 비유가 많다. 우리가 먹은 어머니의 젖은 바다를 다 채우고도 남을 것이라는 비유가 그중 하나다. 우리의 몸을 이루었던 모든 뼈를 쌓으면 에베레스트산을 훌쩍 뛰어넘을 것이라는 비유도 있다.

이것을 논리적으로 따라가다 보면 무한한 과거로부터 우리가 맺은 인연의 수는 영원이 된다. 지금 갖고 있는 주소록이 얼마나 크든 간에 그 책이 수조 배로 불어나는 상황을 상상해 보라. 이 억겁의 관계 중 상당수가 아주 가까웠던 사이였다. 과거의 업이 없었다면 지금 현생에서 나에게 나타나지 않았을 테니 세상에 우연한 인연이란 없다. 문제는 트레버와 제인처럼 무관심하거나 심지어 좋아하지 않는 사람 또는 존재만 알고 있던 사람이 실은 우리가 크게 고마워해야 할 사람일 수 있다는 점이다.

## 🪷 기억과 환생

보리심 수행을 옹호하는 대표적 논거는 '낯선 이는 존재하지 않는다.'라는 발상이다. 환생이 그렇게 과도한 비약이 아닌 데도 많은 이들이 환생을 낯설어한다. 하지만, 우리가 생물학적 개체로만 존재한다는 관점을 고집하지 않는다면 이미 불교가 말하는 심상속, 즉 마음의 흐름을 받아들이고 있는 셈이다. 심상속이 정확히 언제 시작되었는지는 우리의 기억으로는 아마 대답할 수 없을 것이다. 당신이 탄생했다는 것이 당신이 이 세상에 존재한다는 가장 명백한 증거이지만 그 순간을 기억할 수 없는 것과 같다.

기억할 수 없다고 해서 전생이 없다는 주장은 그러므로 설득력이 약하다. 기억과 회상 능력은 분명히 다르다. 정상적인 의식 상태에서 떠올릴 수 있는 것보다 무의식의 상태일 때 훨씬 많은 것을 기억하고 있다. 이런 이유로 경찰은 목격자에게 신체 특징이나 차량 번호판 같은 세부 사항을 떠올리게 하려는 목적으로 최면을 활용하기도 한다.

최면은 오랫동안 전생을 회상하려는 방법으로 널리 사용됐다. 최근에는 마음 과학Mind Science 에서 주목받는 핵심 분야로 떠오르고 있다. 실제로 일부 심리학자들은 특정 문제가 전생의 트라우마에서 비롯된다고 보고 최면을 통해 이를 성공적으로 해결하기도 한다.

나 역시 최면 훈련을 받으며 그 효과를 직접 경험했고 구체적인 전생의 기억을 떠올릴 수 있었다. 그때 나는 최면이 생각보다 훨씬 단순하고 사실적인 기법이라는 것을 알게 되었다. 그 과정에서 불꽃이 터지거나, 유성이 떨어지거나, 심장이 멎을 만한 극적인 계시가 찾아오지는 않았다. 내 눈앞에 펼쳐진 새로운 세계 때문에 현기증이 일지도 않았다. 오히려 그 기억이 너무 평범하고 지루해서 다시 돌아가고 싶지 않을 정도였다. 아마 최면 회귀를 경험하는 대부분의 사람도 비슷한 느낌을 받을 것이다.

전생 체험의 긍정적인 측면은 불교의 심상속 개념이 한층 설득력을 얻게 된다는 점이다. 아울러 지금 내 곁에 있는 수많은 존재와 오래전부터 다양한 방식으로 깊은 관계를 맺어왔음을 받아들일 수 있다.

## 🪷 신념이 아닌 실천

불교는 신념이 아니라 실천을 강조한다. 머리로 이해하는 것도 필요하지만, 궁극적으로 중요한 것은 우리의 행동이다. 이슬람 신비주의자들은 실천 없는 배움의 무익함을 이렇게 표현했다. "당나귀가 성스러운 책을 이고 있다 한들, 여전히 당나귀일 뿐이다."

자신과 타인을 향한 보리심의 이점을 깊이 따지고 평등심과 '나'와 '타인'의 인위적 경계를 성찰하며 전생부터 이어져 온 무수한 인연의 가능성을 진지하게 생각하게 되었다면 이제 우리는 무엇을 해야 하는가? 어떻게 하면 현명한 이기심을 가질 수 있을까?

8장

바라밀로
일상에서 행복 찾기

처음 보살Bodhisatta의 길에 들어설 때
우리는 완전히 이타적일 수 없다.
그럼에도 스스로 이타적이라 주장한다면,
그것은 자기기만이다.
그러나 때로는, 비록 아주 짧은 순간일지라도,
우리가 말하는 바의 참뜻을 깨닫는 때가 있다.
이러한 이유로 보리심은 한량없이 위대하며,
대승 경전Mahayana Sutras에서 지극히 찬탄되는 것이다.

– 텐진 팔모Tenzin Palmo, 『Reflections on a Mountain Lake산중 호수에 비친 그림자』중에서

나는 불교의 실용적인 면모가 특히나 마음에 든다. 불교는 마치 거대한 공구 상자 같다. 어떤 상황에도 적용할 수 있는 개념과 도구가 있다. 아무리 바쁘고 지쳐있거나 회의적인 사람이라도 누구든지 자기에게 맞는 도구를 찾을 수 있다. 또한, 자비심 같은 주요 사상이 얼마나 이로운지 언어로 잘 정리해 놓았기에 핵심 원리를 삶 속에 어떻게 적용할지도 명백히 설명한다.

불교는 보리심을 실천하기 위한 지침으로 '바라밀 Perfections'을 제시한다. 바라밀 수행에는 보시자비로운 나눔, 계행윤리적 행위, 인욕인내 등이 있다. 주로 우리가 외부 세계와 관계를 맺는 법과 내면을 정진하는 법을 다룬다. 그리고 이 모든 것이 어우러져 온전한 균형을 이루게 된다.

처음 이 교리를 접하면 어디서 본 것 같은 익숙함을 느낄지도 모른다. 일단 명상의 중요성을 강조한다는 점을 차치하고 봤을 때 보시와 계행에 관한 불교의 관점은 기독교, 유대교, 이슬람교의 그것과 과연 얼마나 다른가?

연민을 강조하지 않는 종교는 없다. 그러나 불교에서 말하는 보시바라밀은 일반적인 '나눔'과는 다르다. 그 차이는 바로 '보리심의 동기'에 있다. 보리심의 동기는 '이 선물이 모든 존재에게 선한 업이 되길' 바라는 마음이며 이것은 단순히 예쁘게 포장해서 선물을 건네는 행위와 근본적으로 다르다. 다시 말해, 보리심의 동기는 일반적인 나눔과 출발점부터 다르며 그에 따라 쌓이는 공덕 또한 비할 바 없이 크다.

업에 관한 장에서 설명했듯이 동기는 특정 업의 결과를 결정짓는 중요한 요소가 된다. 보험금을 노린 계획적 살인은 우연히 벌어진 자동차 사고와 차원이 다른 문제이다. 비록 결과는 같을지라도 말이다.

마찬가지로 같은 보시와 계행, 인욕이라고 해도 보리심의 동기에 따라 근본적으로 다른 행위가 된다.

나는 처음 이 가르침을 접했을 때 내 행동에 비현실적인 동기를 갖다 붙이는 것 같아서 마음이 불편했다. 사실 아침에 좋아하는 커피숍에서 카푸치노를 사는 것은 정신을 깨우기 위한 것이지 모든 중생이 깨달음에 이르기를 바라는 마음에서가 아니다. 고양이 사료 캔을 따주는 것도 윤회의 고통에서 중생을 구하기 위한 게 아니라 사료를 주지 않으면 고양이가 내 발목을 물어뜯기 때문이다. 실제 이유와 다른 동기를 끼워 맞추려니 어쩐지 작위적인 느낌이었다.

하지만, 보리심의 동기를 떠올리기만 해도 심리적으로 긍정적인 효과가 있었다.

확실히 처음에는 어색하고 부자연스럽게 느껴질 수 있다. 하지만, 의식적으로 반복하다 보면 곧 새로운 습관을 촉발하는 계기가 된다. 그러다 문득 모든 중생의 깨달음을 떠올리는 자신을 발견하게 된다. 명상을 하거나 경전을 읽지 않아도 보리심의 동기가 하루 종일 마음속에 머무른다. 이렇게 보리심은 '마음의 흐름'에 깊이 뿌리를 내리고 보시·계행·인욕을 실천할 기회를 스스로 찾아 나서게 된다. 결국 처음에는 인위적으로 느껴지던 동기가 시간이 흐르며 진심 어린 기도로 바뀌게 되고 이는 곧 몸과 말, 마음에 영향을 미친다. 이리하여 보리심의 동기는 마침내 자기 충족적 예언이 된다.

'나눔'은 이타심을 가장 직접적으로 드러내는 길이다. 우리는 '주는 것이 받는 것보다 낫다.'라는 말을 수도 없이 들어왔다. 주는 일이란 왜 그렇게 어려운 걸까?

어쩌면 너무 많이 주면 내게 남는 것이 부족할 것이라는 두려움 때문일지도 모른다. 그러나 진정한 나눔은 얼마나 많이 소유하느냐에 관한 문제라기보다는 마음의 상태에 관한 문제에 가깝다. 아내는 그런 면에서 나보다 훨씬 관대한 사람이다. 도움이 필요한 사람을 보면 주저 없이 손을 내민다. 얼마 전 함께 쇼핑하러 갔을 때에도 아내는 쇼핑 카트를 도로 턱에 올리지 못해 애쓰는 노인을 도와주고 있었다. 나는 내 생각에 몰두해 있느라 그 노인의 어려움을 눈치채지 못했다. 다른 사람을 돕고자 하는 의지가 없어서가 아니라 그 사실을 보지 못했기 때문이었다.

현대인은 끝없는 일에 쫓기며 자기 걱정에 사로잡히기 쉽다. 그래서 타인의 어려움을 놓친다. 여기서 다시 마음 챙김이 중요해진다.

누군가 도움이 필요하다는 것을 알더라도 우리는 종종 망설인다. 주는 것이 습관이 되지 않았기 때문이다. 그래서 불교는 작은 것부터 시작해 보라고 말한다. 아주 현실적인 접근법이 아닐 수 없다. 오랫동안 우울증에 시달리던 한 여성의 경우를 살펴보자. 그녀는 어느 날, 우연히 식료품점에서 초콜릿을 계산하던 중 점원의 부러움 섞인 말을 들었다. "정말 맛있어 보이네요." 그녀는 봉지에서 초콜릿 몇 개를 꺼내 점원에게 건넸다. 점원의 얼굴에 번진 기쁨을 보는 순간 그녀는 설명할 수 없는 좋은 감정을 느꼈다. 그날 하루 종일 얼굴에 빛이 돌았다. 그 순간이 생애 처음으로 자기를 긍정한 순간이었다.

우리는 모두 장점도 있고 단점도 있다. 우리가 관대함을 실천하는 순간 비록 그것이 아주 작은 행동일지라도 우리의 선한 본성은 더 강해진다. 그리고 그 본성은 다시 이타적으로 행동할 가능성을 높여준다. 바로 이 이타심에서 참된 만족감이 나오는 것이다.

비범한 삶을 살았던 크리스티나 노블 Christina Noble 의 경우를 살펴보자. 그녀는 더블린에서 태어나 여덟 형제와 함께 자랐고 열 살 때 어머니를 잃었다. 알코올 중독이었던 아버지는 아이들의 옷을 팔아 술을 샀다. 그녀는 폭력과 성적 학대를 견뎌야 했고 그렇게 낳은 아이마저 빼앗겼다. 이 모든 일이 그녀가 스무 살이 되기 전에 벌어진 일이었다.

하지만, 크리스티나는 고통에 무너지지 않았다. 오히려 그 고통은 그녀에게 자비심을 가져다주었다. 중년의 나이에 베트남을 방문한 크리스티나는 극심한 가난에 시달리는 사람들을 보고 어린 시절을 떠올렸다. 그 풍경은 너무 강렬했고 그녀는 무슨 일이든 나서서 그들을 도와야겠다는 생각이 들었다. 돈도, 학력도, 인맥도 없었지만 마음만은 확고했다. 어느 날 길에서 누더기를 걸친 소녀를 본 순간 그녀는 팔을 뻗었다. 돈을 주기 위해서가 아니라 안아주기 위해서였다.

크리스티나가 세운 보육원은 수많은 아이를 품었으며 현재까지 그 명맥을 유지하고 있다. 처음에는 베트남 관료들의 의심을 샀지만 지금은 경찰과 공무원들로부터 존경과 환영을 받는다. 크리스티나는 어린 시절의 끔찍한 경험에 마음을 울리는 따뜻한 연민으로 화답했다. "길을 걷다 저 멀리서 햇살처럼 빛나는 아이가 소리칠 때면 저는 너무 행복해서 웃으며 깡충깡충 달려갑니다." 크리스티나의 자서전 제목인 『Bridge

Across My Sorrows 나의 슬픔을 건너는 다리』 역시 같은 메시지를 전달한다. 그녀가 어린 시절 불행으로부터 회복할 수 있었던 계기는 로맨틱한 사랑도 화려한 커리어도 아니었다. 바로 진심 어린 관대함의 실천에 있었다.

행복의 진리는 단순하지만, 강력하다. 행복을 원한다면 먼저 다른 사람에게 행복을 건네야 한다. 관대함은 불행을 치료하는 즉효 약이다. 만약 우리가 너무 바빠서 베풀 수 없다면 그 바쁨 때문에 행복할 수 없는 사람이 된다. 그렇다면 모든 게 다 무슨 소용이겠는가?

계산대 점원에게 초콜릿을 건네거나 마트에서 노인의 쇼핑 카트를 옮겨주는 일은 크리스티나 노블의 이야기에 비하면 사소할 수 있다. 하지만, 연민이 우리의 삶을 이루는 본질이라면 그런 순간들을 놓치지 않고 살아가야 한다. 여기에 아무리 강조해도 지나치지 않은 중요한 진리가 있다. 우리를 움직이는 힘은 행동 자체가 아니라 그 행동에 담긴 마음가짐과 동기에 있다는 사실이다.

불교는 모든 중생의 안녕을 마음에 두고 살아간다면 가장 사소한 나눔의 행동조차 위대한 의미를 지니게 된다고 말한다. 예를 들어, 새를 위해 씨앗을 뿌릴 때 우리는 이렇게 발원할 수 있다. "이 행위로 세상 모든 중생이 배고픔에서 벗어나고 깨달음을 얻기를." 그 순간 우리의 보리심은 확장되고 단순한 먹이 주기의 행위가 그 이상의 의미를 품게 된다. 그렇게 삶의 더 높은 목적을 되새기며 살아간다면 작은 친절 하나라도 마음의 흐름에 훨씬 큰 영향을 미칠 수 있다. 이러한 실천을 일상에서 자주 반복할수록 우리의 시선은 자연스럽게 자아에서 타인으로 옮겨가고 삶의 우선순위도 새롭게 정리된다. 그리하여 순간의 근심에서 벗어나 더 넓은 시야로 세상을 바라볼 수 있게 된다.

## 🪷 나누어 주면, 받으리니

연민을 가지고 살아가면 내면의 평안은 물론이고 원인과 결과의 법칙에 따라 미래에는 더 큰 이익을 얻게 된다.

> 비록 마음이 거칠고 자비심이 희미하며
> 자기 이익에 사로잡혀 있다고 해도
> 원하는 복락은 보시에서 이루어지며,
> 그 보시로 고통은 서서히 잦아든다.
>
> – 찬드라키르티Chandrakirti, 『입중론 Engaging in the Middle Way』

물질적 베풂, 즉 재물 보시는 훗날 부유함을 가져다준다. 그 베풂의 이유가 단순히 부유해지고자 함일지라도 말이다. (이것을 불교에서는 '미약한 자비심'이라 부른다.) 원인이 없는 결과는 없다. 재물 보시는 물질적 풍요라는 업을 쌓고 반대로 보시를 외면하는 것은 이생이든 내생이든 빈곤의 원인이 된다.

물론, 이 말은 다음 생을 믿지 않는 이들에게는 설득력이 없을 수 있다. 하지만, 정말로 다음 생이 없다는 것을 100퍼센트 확신할 수 있는가. 자동차 사고가 일어날 가능성이 낮더라도 우리는 자동차 보험 없이 운전하지 않는다. 죽음이 확실한 현실이라면 죽음 이후의 삶을 위해 작은 '재정 계획'을 세우는 것이 나쁘면 얼마나 나쁘겠는가.

사실 재물 보시는 보시의 한 가지 종류일 뿐이다. 불교는 더 높은 차원의 베풂, '법보시'를 안내한다. 로덴 스님은 이렇게 말했다. "보시 중 으

뜸은 법보시입니다. 법보시는 행복을 지속하는 가르침을 주기 때문이죠."

하지만, 가르침에 대한 확신이 없는 내가 어떻게 법보시를 할 수 있을까? 답은 간단하다. 가르침을 더 잘 이해하면 된다. 경전을 읽고, 명상하며, 부처님의 가르침을 숙고하는 모든 순간이 곧 무한한 공덕을 쌓는 시간이 된다. 이렇게 준비된 마음은 언젠가 자연스럽게 법보시로 이어진다.

그리고 법보시는 단지 말로 가르침을 전하는 것만이 아니다. 이것은 누군가에게 피난처를 제공하는 행위이기도 하다. 누군가가 위험에서 벗어나도록 돕는 행위, 그것이 곧 법보시다. 골프장에서 페어웨이로 장타를 날리기 전 공에 매달린 개미를 조심스럽게 떼어내는 일은 인간에게는 아무것도 아닌 것처럼 보이지만 개미에게는 생사가 달린 문제다. 이 순간조차 보리심을 품는다면 우리는 헤아릴 수 없는 공덕을 쌓을 수 있다.

한번은 해변에 흩어져 있는 불가사리를 구조하던 여성에 관한 이야기를 들은 적이 있다. 그녀는 평소처럼 아침 산책을 하면서 산더미처럼 떠밀려 와 있는 불가사리를 하나씩 주워 바다로 던졌다.

"그게 다 무슨 소용이야?" 같이 걷고 있던 사람이 산처럼 쌓여있는 불가사리를 보고 질겁하며 물었다. "기껏해야 몇 개만 구할 수 있잖아."

"맞아. 그래도 그 몇 개의 불가사리에게는 아주 중요한 문제지."

아무도 세상의 모든 문제를 해결하지 못한다. 그렇다고 해서 타인을 도울 수 있는 일을 포기해서는 안 된다. 연민을 키우고 보시를 실천할수록 '내'가 더 행복해진다. 이것이 연민과 보시의 놀라운 역설이다.

아프리카 사파리 여행 첫날, 당신은 친구와 함께 야생에서 만찬을 즐기고 있었다. 쾌적한 바위 언덕 위에서의 점심이었다. 등나무 의자에 하얀 식탁보, 탁 트인 절경이 있는 완벽한 곳에 자리를 잡았다. 모든 것이 완벽해 보인다. 그때 갑자기 소동이 벌어진다. 수사슴 한 마리가 덤불을 헤치며 갑자기 튀어나온다. 사람무리를 본 사슴은 그 즉시 왼쪽으로 방향을 틀어 풀숲으로 뛰어 들어간다.

당신은 조금 당황했지만 이내 침착함을 되찾는다. 이미 오늘 아침에 훨씬 위험한 맹수를 마주쳤기 때문이다. 그리고 점점 야생동물을 다루는 데 노련한 사람이 되어 가고 있었기 때문이다.

하지만, 수사슴이 사라진 지 얼마 지나지 않아 덤불 사이로 무언가 재빠르게 움직이더니 이내 수렵 감시원이 나타났다. 그 뒤로 숨이 차 얼굴이 붉어진 미국인 사냥꾼이 총을 든 채로 따라 나왔다.

그들이 물었다. "사슴이 어디로 갔습니까?"

간단한 질문이었지만 대답은 그리 쉽지 않다. 만약 당신이 불교를 믿는다면 아주 중대한 윤리적 딜레마에 부딪히게 된다. 거짓말을 해서 흑업 Black Karma 을 쌓을 것인가. 아니면 진실을 말해서 중생을 죽이는 상황에 일조할 것인가.

이 도덕적 딜레마는 내가 지어낸 것이 아니라 부처님이 제시한 것이다. 부처님은 우리에게 윤리적 문제들이 절대 단순하지 않다는 점을 보여준다. 그렇다고 이것이 윤리적 실천을 포기하는 구실이 되어선 안 된다. 오히려 '해야 할 일'과 '하지 말아야 할 일'이라는 이분법적 기준이 완벽한 해법이 아님을 일깨워 준다. 그리고 윤리적 선택에는 늘 그 이상으로 고려해야 할 중요한 요소들이 있음을 시사한다.

불교는 윤리적 문제를 이상적인 교리로만 다루지 않는다. 오히려 일상의 구체적인 상황 속에서 '어떻게 행동할 것인가'를 진지하게 고민하기를 권한다. 보시바라밀의 첫 실천은 삶을 변화시키는 뜻깊은 경험이 될 수 있다. 하지만, 윤리적 기준 없이 보시를 행하면 오히려 덜 행복해질 수 있다. 그래서 보시바라밀과 지계바라밀은 언제나 함께 다루어진다. 이 둘은 자주 '새의 두 날개'에 비유된다. 새가 날기 위해 양 날개가 모두 필요한 것처럼 이타심과 윤리적 분별은 함께 갖추어져야만 한다.

부처님의 말처럼 윤리의 문제는 단순하지 않다. 심지어 우리가 옳은 일을 하려는 순간조차 그렇다. 오늘날 기업의 세계에서는 기업의 사회적 책임이나 경제적 이익 외에도 사회적·환경적 영향을 함께 고려하는 '삼중 수익 보고Triple Bottom Line Reporting'와 같은 개념이 있다. 이처럼 책임성과 투명성을 중시하는 흐름은 우리가 더욱 윤리적인 시대를 향해 나아가고 있음을 보여주는 듯하다. 하지만, 글로벌 회계법인이나 석유 회사, IT 기업들의 사례는 윤리적 기준이 얼마나 쉽게 무너질 수 있는지를 여실히 보여준다. 우리는 흔히 "나는 옳은 일을 하고 있다."라고 스스로에게 말하고 싶어 하지만, 때로는 거울 앞에 마주 선 순간 불편한 진실과 마주하게 된다.

런던의 한 광고 회사에서 일하는 두 명의 기획자가 점심 식사를 마치고 사무실로 돌아오던 길이었다. 그들은 거리에서 잡지를 파는 호객꾼을 피해 걸음을 옮겼다. 그 잡지는 노숙인들이 자립을 위해 직접 판매하는 〈빅이슈The Big Issue〉였다. 기획자 중 한 명은 노숙인을 피하려고 일부러

길을 건너기까지 했다. 그러나 사무실에 도착하자마자 들은 소식은 아이러니했다. 회사가 바로 노숙인 자선단체의 새로운 캠페인 계약을 따냈다는 것이다. 두 사람에게 주어진 과제는 획기적인 콘셉트로 대중이 〈빅이슈〉 노상 판매를 지지하게끔 만드는 것이었다.

그들은 자신이 경험한 아이러니한 상황을 놓치지 않았다. 그들은 보행자로 북적이는 왼쪽 도로와 〈빅이슈〉 가판대만 덩그러니 놓여 있는 오른쪽 길을 대조적으로 보여주는 광고물을 제작했다. 그림의 밑에는 이런 문구를 실었다. "오른쪽을 선택하시겠습니까?"

비록 옳은 일을 원한다고 하지만, 윤리적 행동에 매여 있으면 정작 자신은 손해 볼 수 있다는 걱정이 들 수 있다. 모두가 과장과 왜곡만 일삼는 업계에서 우리만 정직하면 어떻게 되겠는가, 모든 수입원을 세무서에 꼼꼼히 신고한다고 해서 연말에 우리에게 돌아올 이익이 있겠는가, 다음 생을 위한 훌륭한 선업으로 쌓일지는 몰라도 당장 이번 해 자녀 학비는 누가 내줄 것인가, 하는 걱정들이다.

불교는 보시에 관해 말할 때 보시를 하지 않았을 때의 단점과 보시를 했을 때의 이점을 함께 비교하며 윤리적 행위의 의미를 분석한다. 로덴 스님은 이렇게 말한다. "부처님은 자유를 바라면서도 덕을 쌓지 않는 상황을 마치 눈먼 자가 거울을 보는 것에 비유하셨습니다. 이는 헛된 수행이라고 말이죠." 눈이 보이지 않는 사람은 거울을 본다 한들 아무것도 볼 수 없다. 비윤리적인 사람은 진리를 보지 못한다는 뜻이다. 마찬가지로 아무리 명상을 많이 해도 겉과 속이 다른 행동을 일삼는다면 차라리 명상하지 않는 게 낫다.

윤리적인 행동이 주는 이점은 훗날 만족감을 얻을 수 있다는 것만이 아니다. 진정으로 윤리적인 사람은 도덕적인 척하는 사람에 비해 오히려 어울리기 편하다. 이런 사람은 열려 있는 사람이다. 감출 게 없기 때문이다. 그들은 마음이 편안하고 과거의 행동에 발목 잡힐 염려가 없는 사람이다. 그들의 선한 행동에서 비롯한 행복은 긍정적인 미래뿐 아니라 만족스러운 현재를 사는 데에도 도움을 준다.

불교에서 윤리적인 행동을 실천하는 일은 아주 광범위한 주제를 포괄한다. 여기에는 자신을 칭찬하고 남을 헐뜯지 말라는 가장 널리 알려진 계율을 포함한 18가지 주 서원과 46가지 부 서원이 속해있다. 하지만, 이러한 윤리적 계율도 경제적 난민, 줄기세포 연구, 핵폐기물 처리와 같은 현대 사회의 윤리적 딜레마를 다 해결하지 못한다. 낙태나 안락사처럼 오랜 세월 논쟁이 끊이지 않았던 문제들에 대해서는 더더욱 그렇다.

부처님은 사냥꾼과 사슴의 이야기를 통해 중요한 원리를 전한다. 결국 사슴의 생명을 구하기 위해 사냥꾼에게 거짓말을 하는 것은 윤리적으로 옳은 선택이다. 더욱더 본질적인 것은 동기이기 때문이다. 생명을 살리려는 마음은 단순히 거짓을 피하려는 마음보다 훨씬 큰 가치를 지닌다. 이 상황에서 설령 진실을 말했다 해도 그것은 아무런 의미도 남기지 못했을 것이다.

윤리적 딜레마에 부딪혔을 때는 다음과 같은 질문이 올바른 판단의 기준이 될 수 있다. 내 진짜 동기는 무엇인가? 나는 정말로 타인의 이익을 생각하고 있는가? 그리고 세상 모든 사람이 나와 똑같이 행동한다면 세상은 더 행복해질까 아니면 더 불행해질까?

이럴 때 우리는 부처님의 가르침을 떠올려야 한다. "해를 끼치지 말고, 선한 마음을 키우며, 마음을 정화하라." 우리가 선하게 행동할 수 없는 상황이라 해도 최소한 해악을 피하고 두려움과 고통을 줄이려는 노력을 기울인다면 그 자체로 충분히 가치 있는 결과를 낳을 수 있다.

나 역시 어려운 선택의 순간에는 그것이 윤리적 문제이든 다른 문제이든 간에 늘 달라이 라마를 떠올린다. 그리고 마음속으로 묻는다. "만약 달라이 라마라면 이 상황에서 어떤 선택을 하실까?"


## 🪷 인욕바라밀 The Perfection of Patience

증오만 한 죄도 없으며
인내만 한 덕도 없다.
그러므로 인내함으로 명상하고
다양한 방법으로 깊이 있게 수행하라.

– 샨티데바, 『입보살행론 Engaging in the Bodhisattva Deeds』


앞서 행복을 가로막는 세 가지 장애물인 집착과 분노, 무지에 대해 살펴보았다. 이 세 가지 중에 가장 강력한 장애물은 분노 또는 증오이다. 분노의 파괴적인 결과는 다른 어떤 번뇌보다 강력하다고 알려져 있다.

인내는 분노의 정반대 개념이다. 이런 이유로 불교에서는 인내에 아주 큰 가치를 둔다. 바쁜 현대인은 인내해야 하는 상황이 산적해 있다. 하지만, 목표 중심 사회에서는 이런 인내를 기회로 보기보다는 앞길을 막는 방해물로 본다. 이렇게 인내가 나약한 것으로 여겨지는 현상이야말로 현대 사회의 아이러니라고 할 수 있다. 우리는 관대한 인성과 높은 도덕의식을 지니고 목표를 향해 꾸준히 정진하는 사람들을 존경한다. 하지만, 인내심이 지극한 사람들에게도 그만큼의 존경을 보내고 있는지는 의문이다.

많은 이가 가게 점원에게 거침없이 불만을 쏟아내고 버릇없는 젊은이를 가차 없이 몰아세운다. 때로는 이런 태도가 합당한 일로까지 여겨지기도 한다.

그렇다고 해서 허술한 고객 응대나 인간관계에서 받은 상처를 무조건 감내하란 말이 아니다. 사슴과 사냥꾼의 이야기처럼 중요한 것은 동기이다. 잘 살펴보면 가게 점원을 호되게 꾸짖는 것의 진짜 동기가 서비스가 개선되길 원하는 마음이 아니라 자기 우월감에서 비롯된 행동임을 알 수 있다. 점원이 초래한 불편함에 대한 앙갚음으로 그를 창피하게 만드는 것이다. 버릇없는 학생을 꾸짖는 일도 알고 보면 이와 같은 동기가 작용한다.

분노의 가장 큰 문제는 한번 감정에 휩싸이면 제어가 힘들다는 것이다. 다음에 무슨 일이 일어날지 예측하기 힘들어진다. 감정의 격랑에 떠밀려 가다 보면 길든 짧든 결국 후회할 일을 만들고 만다. 실제로 신문을 펼쳐보면 이렇게 순간의 분노를 참지 못해 벌어진 사건들로 가득하다.

불교에서는 우리가 분노에 굴복하는 순간 이미 분노의 노예가 된 것이라 말한다. 분노가 우리를 지배하면 자신을 통제하기가 어려워진다. 분노는 결코 힘의 증거가 아니다. 그것은 오히려 마음의 주도권을 내어줬다는 패배의 상징이며 가장 파괴적인 업을 짓는 행위이다. 정제되지 못한 감정에 자신을 내어주는 것과 끝까지 인내하며 분노에 잠식되기를 거부하는 것 중 어느 쪽이 더 강하고 존경받을 만한가.

교사로 일하는 내 친구가 교직 생활에서 가장 골칫거리였던 학생 이야기를 들려준 적이 있다. 그 학생은 열한 살 난 소년이었는데 등교 첫날부터 문제를 일으켰다. 아무도 그 아이를 통제할 수 없었다. 내 친구가 할 수 있는 일이라곤 소년의 무례한 행동을 참는 것뿐이었다. 그러던 어느 날 소년의 아버지가 학교를 방문해서 가정환경을 설명해 주었다. 소년의 아버지는 혼자서 여러 명의 자녀를 키우고 있었다. 아내는 가족과 연을 끊은 상태일 뿐만 아니라 너무 폭력적이라서 자녀들로부터 접근 금지 명령을 받은 상태였다. 그런데도 아내는 가족이 없는 사이 무단으로 들어와 집을 쑥대밭으로 만들어 놓곤 했다. 저녁에 돌아와 난장판이 된 집을 보게 되는 날은 정말로 혼란스러웠다고 한다.

문제의 학생은 이 모든 상황을 부끄럽고 불편하게 여겼다. 친구를 집에 초대하지 않았고 자신이 어디에 사는지도 알리기를 꺼렸다. 집까지 태워주겠다는 제안이 있으면 그는 언제나 집에서 멀찍이 떨어진 곳에 내려달라고 했다. 혹시라도 엄마가 나타날까 봐서였다.

이 사정을 들은 뒤 내 친구는 소년에게 조금 더 마음을 쓰게 되었다고 한다. "아버지가 학교에 오신 일은 철저히 비밀로 지켰어. 그 일에 관해서는 아이에게 한마디도 하지 않았지. 다만 아버지 얘기를 들은 뒤 그 아이를 대하는 태도가 분명 달라졌어. 눈에 띄진 않지만 조금 더 참아주었던 것 같아. 정말이야, 살짝 더 신경 썼을 뿐인데 그 후로는 한 번도 교실에서 문제를 일으키지 않더라고."

때로는 태도를 아주 조금만 바꿔도 스트레스를 유발하는 관계에 변화를 줄 수 있다. 공격적이고 비이성적이라고 생각하는 사람을 향해 한 발 물러서려는 마음을 갖기란 쉽지 않다. 하지만, 내 친구의 경험처럼 말로 드러나지 않는 태도의 변화가 관계를 바꾸는 강력한 촉매제가 될 수 있다.

## 🪷 조급함을 알아차리기

인내의 유익함을 알았다면 이제는 그것을 어떻게 길러야 하는지 생각해 보자. 매일 명상을 하는 것이 훌륭한 방법이 될 수 있다. 명상은 마음의 스트레스 지수를 '0'으로 낮추는 도구로 바쁜 사람에게 특히 유용하다. 다른 이점도 많지만 무엇보다 마음의 불안을 전반적으로 완화해 주기 때문에 자연스럽게 마음의 평온과 인내심을 기를 수 있다. 휴가를 마치고 돌아온 뒤 며칠 동안 이어지는 가볍고 편안한 마음을 떠올려 보라. 수시로 여행을 떠날 수는 없지만 명상을 일상의 한 부분으로 삼는다면 일 년 내내 훨씬 더 여유롭고 편안한 마음으로 살아갈 수 있다.

그러나 아무리 편안한 마음을 유지하려 해도 상황이 그렇게 녹록지 않을 때도 있다. 교통 체증이나 특정 근무 환경, 집안일처럼 짜증을 유발하는 일들은 언제나 발생하기 때문이다. 그러니 이런 상황을 알아차렸을 때 마음에 더욱 주의를 기울이는 것이 중요하다. 마치 위험 지역에 들어선 것처럼 말이다. 마음 챙김은 위험을 알리는 경고등과 같다. 이를 통해 중요한 회의에 가는 길에 심한 교통 체증을 겪더라도 무사히 마음의 균형을 유지할 수 있다. 조급함이 스멀스멀 올라오기 시작했다면 분노의 본질을 떠올려보자. 분노가 어디에서 왔는지, 부정적인 감정이 계속되기를 정말로 원하는지, 같은 패턴으로 계속 분노하며 살 것인지, 아니면 그 습관에서 벗어날 것인지 스스로 물어야 한다.

이렇게 스스로 질문을 던졌다면 지금이야말로 인욕바라밀을 실천할 최적의 순간이다. 우리를 화나게 만드는 일이 벌어질 때 이렇게 생각하면 된다. '모든 중생의 안녕을 위해, 지금 여기에서 인욕바라밀을 닦아 속히 깨달음의 지혜에 도달하게 하소서.'

이 서원을 하며 인욕바라밀의 장점을 숙고해보라. 인욕바라밀을 실천하면 내면의 고요를 유지할 수 있는 것은 물론, 더 나은 판단을 내릴 수 있고 주위 사람들 또한 함께 평온해질 수 있다. 더불어 선업을 쌓는 기회가 되기도 한다. 불교에서는 인내가 여유와 복덕의 근본 원인이라고 가르친다. 인내는 또한 다른 사람들에게 신뢰와 호감을 얻는 바탕이 되기도 한다.

인욕바라밀을 실천한다면 불행만 가져다줄 것 같은 절망적인 상황도 긍정적인 계기로 바꿀 수 있다. 영국의 작가 테리 웨이트<sub>Terry Wait</sub> 가 그랬다. 그는 헤즈볼라 무장단체에 납치되어 무려 1,763일 동안 감금된 채 육체적·정신적 고문을 당했다. 살아남기조차 어려운 환경이었지만 그는 끝까지 버텨냈다. 그 시절을 돌아보며 그는 이렇게 말했다. "그때의 경험은 제게 매우 소중합니다. 삶은 기복으로 가득하고 트라우마가 반드시 나쁜 것만은 아니라는 사실을 깨달았기 때문입니다. 모든 것은 당신에게 달려 있습니다. 관점을 바꾸면 부정적인 일도 건설적으로 활용할 수 있습니다. 저는 그 일을 해냈다고 생각합니다."

그렇다고 삶의 진리를 깨닫기 위해 꼭 드라마 같은 고난을 겪어야 하는 것은 아니다. 대신 마음의 길에 도움이 되지 않는 습관을 조금씩 걷어내고 그 자리를 새로운 습관으로 채워야 한다. 개인의 변화는 전 생애에 걸친 작업이며 단번에 이루어지지 않는다. 그러나 보리심의 동기는 가장 강력한 심리적 무기가 되어 삶을 더 나은 방향으로 이끌어준다. 그 힘을 결코 과소평가해서는 안 된다. 때로는 아주 짧은 순간에도 변화는 가능하기 때문이다.

## 🪷 명상 기법 3: 나와 타인을 돕기

다음 명상 연습은 '퉁렌Tonglen'이라 불리는 기법에 기초한 것으로 자기중심적인 태도를 타인을 향한 연민으로 바꾸어 주는 강력한 방법이다. 다른 명상과 마찬가지로 원리를 이해하는 것은 쉽다. 확신을 갖고 실천하고 집중하는 것이 더 어려운 과제이다.

- 칠지 명상 자세를 갖추라. 5분 동안 호흡을 세며 명상하여 마음을 가라앉혀라.
- 보리심을 기억하라. 마음속으로 이렇게 발원한다. "이 명상을 하는 동안 내가 경험하는 모든 부정적인 감정과 우울, 고통이 사라지기를. 또한 모든 중생의 부정적인 생각과 우울, 고통이 사라지기를. 모든 존재가 행복하고, 만족하며, 속히 깨달음에 이르기를 바랍니다."
- 숨을 내쉴 때마다 현재와 미래의 모든 고통이 검은 연기처럼 빠져나간다고 상상하라. 숨을 들이쉴 때마다 하얀 연기가 코를 지나 목과 가슴으로 흘러 들어와 온몸까지 스며든다고 상상하라. 그 하얀 빛은 검은 연기를 흩어버리고 그 자리에 맑고 긍정적인 에너지를

가득 채운다. 하얀 연기를 들이마실 때마다 생기 넘치는 행복이 피어오르고 내쉴 때마다 부정적인 것들의 장악력이 조금씩 약해진다. 하얀 빛은 강력한 항우울제와 같은 효과를 지니지만 약과는 달리 즉각적이며 완전히 자연스럽다.

- 당신의 현재와 미래의 고통을 다 내뱉었다고 느껴질 때까지 계속 이 과정을 반복하라. 그리고 빈 공간에 밝고 빛나는 기쁨을 대신 채워 넣어라.

- 당신의 고통을 대할 때 당신과 가까운 이들을 떠올려라. 부모나 가족, 친한 친구 등을 생각하라. 당신 앞에 그들이 있다고 상상하고 한 사람씩 혹은 당신에게 특별한 의미가 있는 그룹의 사람들을 떠올리며 생각하라. '당신이 지금 겪고 있는, 혹은 미래에 겪게 될 모든 불만족과 불행은 이제 없어질 겁니다.'

- 그렇게 당신 앞에 그 사람들을 그리며 계속해서 검은 연기를 뱉어내어 그들의 고통을 없애고 있다고 상상하라. 하얀 연기를 들이마실 때는 긍정적인 에너지를 상상하라. 그것이 그들에게 행복과 생기와 기쁨을 가져다준다고 상상하라.

- 그렇게 고통을 모두 뱉어낸 자리에 이제 행복이 가득하다. 이제 그 그룹의 범위를 확장하고 같은 과정을 반복하라. 친구가 끝났으면 낯선 이를 추가하라. 낯선 이의 다음에는 사이가 좋지 않은 사람까지 확장하라. 그렇다. 정말 어려운 일이다. 하지만, 당신에게 고통을 안겨준 사람들의 문제와 상처가 정화되고 있다고 상상하면 그들을 한층 더 평온하고 균형 잡힌 마음으로 바라보게 된다. 사이가 좋지 않은 사람이 끝나면 인간뿐 아니라 모든 중생을 포함하라.

- 이 명상을 10분이나 15분 정도 지속하라. 그러고 나서 이렇게 마무리 한다. '이제 이 명상을 통해 내가 쌓은 긍정적인 에너지 모두를 모든 중생을 위해 바칩니다. 우리가 모두 어려움 없이 속히 깨달음의 환희로 들어가기를 바랍니다.'

위 명상이 기조로 하는 퉁렌 명상은 마음을 다스리는 데 엄청난 힘을 가진 도구이다. 로덴 스님은 다음과 같이 말했다. "퉁렌 명상을 하면 자기중심적인 집착의 독이 제거될 겁니다. 그리고 그 자리에는 다른 사람을 귀히 여기는 마음의 단물이 가득해 질 겁니다. 이는 끝없는 공덕을 쌓아 부정적인 카르마를 속히 정화하는 일입니다. 그러면 장애물이 제거되고 더욱 깊이 있는 보리심을 얻게 될 것입니다."

## 🪷 보리심으로 살기

티베트 불교회에서 레즈 시히로부터 보리심을 처음 배우고 막상 실천해 보려 하니 생각이 복잡해졌다. 심리학적으로 아주 효과적인 원리인 듯했지만 어쩐지 주저하게 되었다. 다른 일에 집중해야 할 시간에 뜬금없이 보리심을 마음에 새기는 게 정말 좋은 생각일까? 허언에 그치지 않는, 진짜 보리심을 떠올릴 수나 있을까? 보리심을 실천하는 것이 정말 효과가 있을까?

그때 아내와 나는 퍼스에 꽤 오래도록 머물고 있었다. 나는 그곳의 느긋한 생활 방식과 멋진 날씨에 점점 익숙해졌다. 병솔나무의 붉은 꽃송

이 속에서 요란히 울어대는 무지갯빛 로리킷 떼가 낯설거나 새롭지 않게 느껴졌고 해넘이 무렵 코트슬로 해변의 하얀 모래사장을 산책하는 일이 평범한 일상이 되었다.

평일에는 예전부터 상상하며 꿈꾸던 모습으로 일을 했다. 책으로 빼곡한 서재에서 글을 쓰거나 얼룽거리는 햇살이 쏟아지는 베란다에 앉아 초고를 읽는 장면을 18살 때부터 꿈꿔왔다. 나는 그때 꿈속에서 살고 있는 기분이 들었다.

바로 그 전까지만 해도 런던에선 이런 삶을 절대 이룰 수 없을 거라고 생각했다. 매일이 출구 없는 쳇바퀴를 도는 삶이었다. 평생 이렇게 살아야 한다는 일종의 선고를 받은 기분마저 들었다. 복도를 따라 20초면 출근할 수 있고 새로운 업무 압박이나 마감일을 알리는 전화가 울리지 않는 자유로운 삶은 희망 사항일 뿐이라 여겼다.

그토록 바라던 꿈이 이루어졌으니 이제 행복해야 할 순서였을까?

당연히 아니었다. 지중해성 기후에서 전업 작가로 사는 일이 기대만큼 좋지 않다는 걸 일찍 깨달았다.

늘 수십 가지 일을 병행하던 사회적 동물인 내가 초보 작가가 되어 한 가지 일만 하려니 숨이 막혔다. 매일 1,500자를 써 내려가야 하는 일과는 벽돌로 된 벽에 시속 100마일 속도로 부딪히는 것 같은 압박감을 주었다.

게다가 사회 활동도 부족했다. 과거의 나는 거의 매일 단위로 고객에게 납품하거나 보도 자료를 작성하고 주요 대외 홍보 전략을 수립해야 했다. 항상 피드백이 있었고 작은 성취들이 쌓여서 발전하는 느낌을 받았다. 하지만, 소설을 쓰는 일은 작업을 다 마칠 때까지는 물론 끝난 후에도 동료와 거의 상호작용이 없다. 전문적인 조언이나 위로, 응원을 해 주는 사람도 주변에 없었다.

그때 나는 원하는 것을 얻었을 때도 기대만큼 행복하지 않다는 불편한 진실을 다시 깨달았다. 다른 점이 있다면 이번에는 '불법 수업'이라는 든든한 무기가 있다는 것이었다. 매주 티베트 불교회에서 듣던 불법 강의는 내 마음을 지탱해 주는 커다란 버팀목이었다. 물론 지금도 마찬가지지만 그때는 그 수업을 '공짜 심리치료'라고 여겼다. 그도 그럴 것이 라마 예셰 역시 『Becoming Your Own Therapist자신만의 심리치료사 되기』라는 제목의 책을 쓰지 않았던가. 지금까지 불교의 실용적이고 유익한 통찰이 내 삶의 문제를 해결해 주지 않은 적은 단 한 번도 없었다.

또한, 보리심을 다양한 방식으로 실천할 수 있다는 사실을 깨달았다. 그뿐 아니라 보리심이 습관으로도 자리 잡을 수 있음을 알게 되었다. 차마시기, 화장실 가기, 새 모이 주기, 헬스장 가기와 같은 활동에 보리심의 동기를 연결하다 보면 불법을 수시로 상기하는 내 모습을 발견하게 된다. 그리고 그렇게 큰 그림을 상기하는 것만으로도 충분히 순간의 감정을 넘어설 수 있게 된다.

나는 보리심을 바탕으로 일하면서 눈앞의 업무를 넘어 미래를 이롭게 할 수 있다는 사실이 진심으로 기뻤다. '그렇다. 보리심을 가지면 차 한 잔을 손에 쥐는 일도 모든 중생을 위한 일이 될 수 있다.' 나는 이런 식으로 마음의 흐름을 조절했다. 순간적으로 스치는 생각이 그리 중요하지 않다고 여겨질 수 있다. 다시 한번 더 부처님의 말을 언급하자면, 부처님은 "생각은 단어로 구현된다. 단어는 행동으로 구현된다. 그림자가 몸을 따라가듯이, 우리는 생각한 대로 우리가 된다."라고 했다.

그러니 모든 생각은 하나하나 중요하다.

나는 나 자신과 내 작은 세상에서 벗어나면 더 높은 수준의 행복을 경험할 수 있음을 깨달았다. 이는 임시방편이나 순간적으로 고양된 감정이 아니라 내면의 더 깊은 평온과 만족감에서 오는 행복이다.

그렇다고 해서 나를 괴롭히던 것들이 사라진 것은 아니다. 다만 이제는 그에 덜 동요되고 지속 시간도 짧아졌다. 물론 여전히 좌절은 찾아온다. 오늘 아침만 해도 컴퓨터가 먹통이 되어 욕을 퍼부었다. 어리석은 행동은 여전하다. 이것이 바로 윤회 아닌가. 나의 카르마가 되돌아와 나를 괴롭히고 있는 것이다. 나는 정말로 윤회가 계속되기를 원하는가?


## 🪷 뉴욕의 재발견

내가 보리심 수행에서 서툰 첫걸음을 내디뎠을 때만 해도 더 큰 업이 무르익어 가던 것을 몰랐다. 첫 소설『Conflict of Interest』이 페이퍼백으로 출간된 해, 나는 처음으로 작가 경력에 탄력을 받고 있다는 느낌을 받았다. 출판사는 런던 지하철에서 소규모 포스터 홍보활동에 나섰다. 여기에다 매장 내 판촉 행사까지 더해져 책이 순식간에 팔리기 시작했다. 장기 출판 계획이 순조롭게 진행되는 듯했다. 동시에『Pure Deception완전한 기만』의 하드커버판도 출간되었다. 무엇보다도 내가 특히 기대했던 나의 세 번째 소설『Expiry Date유통 기한』가 편집자뿐만 아니라 뉴욕의 새 에이전트에게까지 좋은 반응을 얻었다.

아주 짧은 시간 만에 꽤 먼 길을 걸어온 듯한 기분이었다. 홍보업계에서 월급쟁이로 지내던 내가 책을 내는 소설가가 되어 삶의 경로를 바꿨고 이제는 미국 시장 진출의 길목에 서게 되었다. 뉴욕에서 출간 계약을 따낸다면 할리우드 진출도 훨씬 수월해질 것이다. 내 소설이 시각적이라 영화로 옮기기 쉽겠다는 말도 들었다. 이제 정말 전 세계 독자층을 확보할 문턱에 다다른 걸까?

일단 뉴욕의 에이전트를 만나서 다음 계획을 듣기로 했다. 미팅 날, 나는 평소처럼 호텔방에서 명상으로 하루를 시작했다. 그 후 꼭대기 층으로 향하는 엘리베이터에 탔다. 오전 9시가 되기 직전 엘리베이터 안에서 같은 호텔 투숙객 한 사람이 말을 걸었다. "뉴스 보셨어요? 누군가 방금 비행기로 세계무역센터에 충돌했대요."

나는 놀랐지만 일단 침착하게 반응했다. 경비행기가 실수로 항로를 이탈한 정도로만 생각했기 때문이었다.

하지만, 꼭대기 층에 다다르고 보니 상황이 완전히 달랐다. 늘 아침 식사 시간마다 들리던 소란스러움은 사라지고 사람들이 두려움에 얼어붙은 채 텔레비전 화면만 바라보고 있었다. 전 세계 뉴스 화면에는 세계무역센터에서 벌어진 참사가 생중계되고 있었다. 화면에는 제트기가 두 번째 건물로 곧장 돌진하는, 종말론적 상징과도 같은 장면이 재생되고 있었다.

많은 사람이 9월 11일의 참사 소식을 처음 들었던 순간을 기억한다. 내가 그날 뉴욕에 있었다고 말하면 사람들은 마치 전쟁터 한가운데 있던 사람을 본 것처럼 반응한다. 하지만, 현실은 지극히 평범했다. 내가 호텔방 밖으로 나서지 않았다면 모든 일은 그저 다른 도시에서 벌어지는 일처럼 느껴졌을 것이다. 비현실적인 비극이 눈앞에서 펼쳐지고 있었지만 동시에 청명하고 구름 한 점 없던 가을 하늘을 보며 아름답다고 생각한 날이었다.

그로부터 얼마 되지 않아 알카에다 공격의 경위가 알려졌다. 요즘 같으면 9/11이라는 단순한 숫자 조합에 중차대한 의미가 전달되지만 그날 아침 대부분의 뉴욕 시민은 자잘한 일상의 일을 훨씬 더 많이 신경 쓰고 있었다. "이 때문에 얼마나 경제적 타격을 입을 것인가? 회사에는 나가야 하나? 지하철은 운행할까?"와 같은 고민이 더 중요했을 것이다.

이 이질적인 어둠의 시간 동안 나는 뉴욕 에이전트를 만났다. 그녀는 내 소설에 대한 열정을 거듭 강조했다. 그녀가 의욕을 갖고 접근하는 출판사 목록을 보여주었다. 하지만, 이 일도 고작 몇 마일 떨어진 곳에서 벌어진 사건을 피해 갈 순 없었다. 그 사건이 우리의 미팅에 어두운 그림자를 드리웠다.

재앙의 현장 변두리에 서 있을 때 가장 끔찍한 것은 완전한 무력감이다. 미팅을 마치고 호텔로 돌아와 뉴스를 확인하니 기적적으로 살아남은 이들도 있었지만 이미 참혹한 인명 피해 규모가 드러나고 있었다. 무엇을 해야 하는 걸까. 텔레비전과 라디오 방송에서는 의료 인력을 긴급히 요청했지만 그 외 자원봉사자들에게는 '그라운드 제로'에 접근하지 말라는 안내가 이어졌다. 혈액 기증 요청이 나간 지 불과 몇 분 만에 병원들이 헌혈자들로 북새통이 되자 더 이상 오지 말라는 공지를 내보냈다.

밖으로 나서자 더 비현실적인 광경이 펼쳐졌다. 모든 교통이 재난 지역을 피해 우회하고 있었고 그중에서도 가장 눈에 띄는 것은 운행 중인 지하철을 찾아 북쪽으로 힘겹게 걸음을 옮기는 사람들의 행렬이었다.

남쪽 사고 현장으로 향하는 차량은 오직 응급차뿐이었다.

이 모든 아수라장을 겪으며 뉴욕은 변했다. 어쩌면 이 도시가 진짜 모습을 드러낸 것일지도 모른다. 사람들은 사랑하는 이에게 연락하려는 낯선 이에게 기꺼이 휴대전화를 빌려주었고 근처 주민들은 30블록을 걸어와 지친 낯선 사업가에게 자신의 공간을 내어주며 마실 것을 건넸다. 어떤 이들은 어려움에 부닥친 사람들을 위해 정보를 나누고 차를 태워주고 무료로 머물 곳을 제공했다.

호텔방에만 갇혀 지낼 수 없었기에 이른 저녁쯤 호텔 주위의 폐허가 되다시피 한 거리를 걸었다. 소수의 사람만이 남아 있었다. 개를 산책시키던 한 남자와 눈인사를 나누었다. 얼마 되지 않아 뉴욕에 실로 엄청난 일이 일어났음을 체감했다.

몇 안 되는 음식점만 문을 열었고 카페는 문을 연 곳이 없었다. 룸서비스가 별로 내키지 않아 호텔을 나섰다. 남쪽으로 몇 블록을 가다 보니 낮에는 커피숍으로 밤에는 클럽으로 운영되는 곳을 하나 발견했다. 자유시장 경제의 힘을 보여준다고 해야 하나 배짱이라고 해야 하나, 어쨌든 이 가게는 문을 열었고 직원들은 거리로 나가 지나가는 사람에게 무료로 커피를 나눠주며 가게 안으로 그들을 불러들였다.

두말할 것도 없이 안으로 들어갔다. 사실 커피가 무료인지 아닌지에 관심을 보이는 사람은 거의 없었다. 나는 와인을 주문하고 서로 모르는 사람들이 모여 있는 테이블에 자리를 잡았다. 사람들은 그날 겪은 일을 나누고 있었다. 상당수가 업무차 들른 외지인이었다. 시카고에서 온 차량 리스 회사 간부, 밴쿠버에서 온 보석 수입상, 미술 탐방 온 두 명의 이탈리아 학생, 그리고 털이 듬성듬성 빠진 반려견을 안고 있던 초조한 표정의 여성이 있었다.

도시 전체에 문을 연 곳이 거의 없었기에 이 작은 술집은 마치 마을 회관 같았다. 길거리는 텅 빈 채 매캐한 냄새를 풍겨댔다. 하지만, 가게 안에서 우리는 작은 무대에 올라 팝 명곡 메들리를 연주하는 밴드의 음악을 들었다.

저녁 무렵, 'Bye, Bye Miss American Pie바이 바이 미스 아메리칸 파이'의 노래 소절이 들려왔다. 술이 몇 잔 오가자 제법 많은 사람이 노래를 따라 불렀고 마침내 그 자리에 있던 모두가 한목소리를 냈다. 모두가 진심으로 한마음이 된 순간이었다. 노래도 그 순간에 딱 어울렸다. 상실을 노래한 돈 맥클린Don McLean의 유명한 '찬가' 속에서 우리는 그날 잃어버린 어떤 것에 작별을 고하고 있었다. 하지만, 그게 정확히 무엇인지는 몰랐다. 우리가 떠나보내던 것은 안일함이었던가. 순진한 믿음이었을까. 아니면 이제는 의심할 수밖에 없게 된 '확신'이었을까.

그때만 해도 9·11 참사가 나에게 어떤 방식으로 영향을 미칠지 전혀 가늠할 수 없었다. 불과 몇 달 후 내 세계는 완전히 뒤바뀌게 될 터였다. 그 자리에서 사람들과 함께 노래를 부르면서도 그 가사가 얼마나 예언적이었는지는 미처 알지 못했다. 그날이야말로 음악이 죽은 날이었다는 사실을 전혀 짐작하지 못했다.

9장

# 부처님
# 지혜의 정수

깨달음은 파도가 본래 물임을 아는 순간에 찾아온다.
그 순간에 죽음에 대한 모든 두려움이 사라진다.

– 틱 낫한, 『이해의 마음The Heart of Understanding』

부처님의 가르침 중에 가장 정교하고도 혁신적인 가르침을 꼽자면 '연기緣起, Dependent Arising' 사상이라 할 수 있다. 연기 사상이 지닌 함의는 우리가 자신과 세상을 바라보는 방식을 송두리째 뒤바꿀 만큼 크다. 그래서 그것을 이해할 만큼 성숙하지 못한 사람에게는 삶을 바꾸는 이 오랜 진리를 가르치지 않는 경우도 있다. 이런 이유로 연기 사상은 언제나 〈람림〉의 대미를 장식한다.

먼저 전반적인 맥락을 조금 설명하자면, 불교는 흔히 '중도'의 종교로 알려져 있다. 이 비유는 여러 의미의 층위를 지니고 있다. 그중에서도 우리가 지금 살펴볼 가장 높은 차원의 개념은 불교가 어떻게 허무주의와 영원주의라는 두 극단을 피하는지를 보여준다.

허무주의의 관점에서 모든 존재는 오직 '육체와 피', '선천과 후천', '유전자와 환경'이라는 용어로 설명된다. 우리의 뇌는 곧 정신이며 죽으면 모든 것이 그냥 끝이다. '이상입니다. 그럼 안녕히.'라는 멘트로 끝나는 영화처럼 말이다.

이 물질 중심의 발상은 오히려 바쁜 현대인에게 더 현실적으로 느껴진다. 하지만, 늘 쉽게 설명되지 않는 기이한 상황이 있다. 어떻게 예지력이 있는 사람이 다른 사람의 사적인 정보를 이토록 쉽게 알아낼 수 있을까. 얼마나 뛰어난 텔레파시 능력을 갖췄기에 정보기관이 '투시 능력자'를 채용하는 것일까. 왜 몇몇 사람은 최면 속에서 과거의 역사적 사실을 기억해 내는 걸까. 수많은 초자연적인 현상은 말할 것도 없고, 유령이나 기적적인 치유, 성흔과 같은 종교적 체험, 임사 체험 같은 것들은 도대체 뭘까.

허무주의의 관점은 이런 현상을 영리한 속임수나 우연의 일치, 정신력, 간절한 바람 때문에 생긴 일이라 일축한다. 물질주의적 용어로 설명할 수 없기에 이 현상은 인정받지 못하거나 비웃음을 산다.

반대로 영원불멸을 믿는 관점은 우리 안에 영혼이 있다고 믿으며 이것을 '진짜 나' 또는 '핵심 자아'라고 생각한다. 사람이 죽으면 영혼은 천국이나 지옥 또는 연옥에 간다고 여기며 이곳에서 운이 좋으면 사랑하는 사람이나 친구와 재회할 수 있다고 생각한다. 또 다른 종교에서는 영혼은 업에 따라 새로운 존재로 환생한다고 믿는다.

영원을 믿는 사람들에게 '진짜 나'나 '영혼'을 구성하는 것이 무엇인지는 그리 중요하지 않다. 그런데 영혼이 지닌 압도적인 중요성을 고려하면 이는 참 아이러니한 일이다. 질문은 넘쳐나지만 정작 영혼이 무엇인지 명확히 답하지 못한다. 예를 들어, 누군가 뇌 손상을 입으면 기억을 잃거나 성격이 극적으로 변할 수 있다. 기억과 성격이 뇌의 기능이라면 죽음 뒤, 곧 뇌가 멈춘 후에는 무엇이 남는가. 그렇다면 '영혼'이나 '진짜 나'는 뇌의 기억과 성격과는 무관하게 존재한다는 뜻인가.

불교는 허무주의와 영원주의를 객관적인 현실 분석과는 동떨어진 것이라 본다. 그리고 허무주의와 영원주의 사이에 진리가 있다고 믿는다. 이것이 바로 '중도Middle Way'이다. 중도는 현대인이 받아들이기 힘든 개념이다. 특히 이 사상을 처음 접한 사람에게는 더욱 그렇다. 우리의 이분법적 사고방식으로는 허무주의와 영원주의를 동시에 받아들이는 것이 불가능하다. 이분법적 사고는 1이냐 0이냐, 허무주의냐 영원주의냐, 반드시 둘 중 하나를 택해야 한다고 요구한다. 다른 가능성은 애초에 인정하지 않는다.

하지만, 불교는 좀 더 깊이 있는 성찰을 요구한다. 중요한 것은 단지 현상의 존재나 비존재가 아니다. 현상이 '어떻게' 존재하느냐이다.

이 질문의 답을 이해하기 위해서는 단순한 학문적 개념을 넘어서야 한다. 이것이 모든 불교 철학의 궁극적인 목표이며 그것을 몸소 체험해야 깨달음에 이르게 된다.

## 🪷 어떻게 존재하는 가

> 현실은 환상이다. 다만 쉽게 사라지지 않을 뿐.
>
> – 앨버트 아인슈타인Albert Einstein

부처님은 모든 존재는 단지 '연기'로써만 존재한다고 설명했다. 다시 말해 모든 현상이 원인과 부분, 마음속 투영에 의존한다는 뜻이다. 겉보기에 단순한 주장일지라도 그 속에 담긴 의미는 곱씹어볼 만하다.

## 🪷 원인 Causes

틱낫한 스님의 저서 『이해의 마음』은 다음 구절로 시작한다.

시인의 눈으로 보면 이 종이 안에 구름 한 조각이 떠 있는 것이 보입니다. 구름이 없으면 비가 내리지 않고, 비가 없으면 나무가 자랄 수 없으며, 나무가 없으면 종이를 만들 수 없습니다. 구름은 종이에게 없어서는 안 될 것이지요.

틱낫한은 계속해서 종이를 만드는 데에는 태양과 흙, 벌목꾼, 벌목꾼의 부모, 그 외 무수히 많은 요소가 필요하다고 말한다. 이 중 어느 하나라도 빠지면 종이는 탄생할 수 없다.

우리도 마찬가지로 무수히 얽혀 있는 관계 속에서 발전하며 조금씩 변화하고 있다. 우리는 원인이 있으므로 존재한다. 우리를 잉태한 부모, 우리 마음과 몸을 이루었던 유년 시절의 경험, 우리가 접한 미디어, 같이 시간을 보냈던 사람들, 이 모든 것이 원인으로 작용한다. 게다가 21세기를 살아가는 우리는 그 어느 때보다 전 세계와 긴밀히 연결되어 살아가고 있다.

나는 때때로 우리가 얼마나 깊이 연결되어 있는지를 곰곰이 생각해본다. 평일 아침 8시 반, 책상 앞에 앉아 있을 무렵이면 이미 전 세계 수만 명의 인연에 기대어 있다는 사실을 깨닫는다. 나는 여러 나라에서 온 부품들로 제작된 호주산 침대에서 눈을 뜬다. 이 침대를 구매했던 소매업자와 제조업자는 물론, 제작 과정에 참여한 회사의 수많은 직원, 부품을 공급한 업체들, 침대를 집까지 옮겨준 배송 기사들, 그리고 이 모든 회사가 원활히 운영되도록 재정을 지원한 은행 직원, 회계사·인사 담당자·마케팅 임원 같은 서비스 인력까지. 그 모두와 나는 보이지 않는 인연으로 연결되어 있다. 또, 그들에게는 부모가 있고, 그 부모 중 상당수는 다른 나라 출신이다. 수많은 사건과 영향이 그들을 이끌어 약 6년 전, 내 침대의 조립과 판매, 배송 과정에서 각자의 역할을 맡은 것이다.

여기에는 침대 시트나 베개, 이불은 포함되지 않았다. 심지어 침실에서 나오지도 않았다. 욕실과 부엌에 있는 모든 물건에 관여한 인연까지 생각해 본다면 어떨까. 콜롬비아산 커피와 각지에서 생산된 재료로 만든 뮤즐리까지 생각해 본다면?

　우리는 우리 자신을 생각할 때 나머지 전 세계 사람과 분리하여 생각한다. 하지만, 아주 기초적인 분석만 해봐도 실제로는 엄청나게 많은 사람과 사건에 매우 깊숙이 결부해 있다는 사실을 알 수 있다. 우리는 홀로 존재한다기보다 공존하는 존재다. 하나의 구성 부품만 빠져도 전체의 그림은 달라지는 법이다.

　어떤 관계는 너무 미미해서 고려할 가치가 없다고 말하는 사람도 있을 것이다. 하지만, 침대 나사 하나라도 거기에 쓰인 철이 어디에서 오는지 생각해 보라. 철을 캐기 위해 아프리카 줄루족 가족이 아들을 광산에 보냈다면 어떠한가. 물론 다른 볼트나 다른 침대를 쓴대도 당연히 잠은 잘 수 있을 것이다. 하지만, 얽혀있는 관계가 형태만 바뀌는 것뿐이다. 가장 미미하고 거리가 먼 것에서부터 가장 강력하고 직접적인 것까지, 결국 모든 게 우리를 이루는 원인으로 작용한다.

　어떤 사람들은 우리가 타인에게 어떤 형태로든 영향받는다는 사실을 인정하지 않는다. 그들은 자신의 견해가 다른 견해와 자주 부딪치더라도 철저히 이성적인 분석에 근거했다 믿으며 스스로 자랑스러워하기까지 한다. 의사소통 전문가인 나는 자신은 광고에 영향받지 않는다고 말하는 사람을 볼 때 마다 놀랍다. 그렇다면 도대체 어떤 이유로 기업들이 수십억 달러씩 써가면서 제품을 홍보하겠는가. 광고 회사가 사람들의 태도와 행동을 바꾸는 데 아주 성공적이었기 때문에 광고 산업이 이만큼 성장하지 않았겠는가.

좋든 싫든, 우리는 예외 없이 주위 사람에 의해 끊임없이 영향을 받으며 살아간다. 우리가 소통할 수 있는 것은 전적으로 다른 사람으로부터 언어를 배웠기 때문이다. 우리가 사용하는 모든 단어는 다른 사람으로부터 온 것이다. 우리에게 미치는 영향력은 끊임없이 변하며 이에 따라 우리도 변하고 있다.

냉혹한 사업가가 죽을 고비를 넘긴 뒤 독실한 신앙인으로 거듭난 이야기, 마약에 중독된 청소년이 친구의 죽음을 계기로 약을 끊은 이야기 등은 결코 낯선 이야기가 아니다. 이렇게 극적이지 않더라도 가볍게 지나칠 수 없는 순간은 분명히 있다. 누구나 한 번쯤은 낯선 사람과 우연히 나눈 대화로 문득 삶을 돌아본 경험이 있을 것이다.

주변 사람의 영향력이 변하면 우리도 변한다. 분명한 사실은 10년, 5년, 아니 2년 후의 우리는 지금과 다른 사람이라는 것이다.


## 🪷 부분 Parts

부처님은 모든 것이 부분에 의존한다고 가르쳤다. '연기'의 세 가지 요소 중, '부분'이 가장 명확하고 이해하기 쉽다. 모터가 없으면 자동차는 자동차가 아니다. 꽃잎이 없으면 꽃은 꽃이 아니다.

그렇다면 각 개인은 어떤 요소에 의존하는가? 크리스토퍼 리브 Christopher Reeve 의 감동적인 자서전 『스틸 미 Still Me 』를 읽어본 사람이라면 한때는 슈퍼맨을 연기하던 배우였지만 사고로 팔 하나도 들 수 없게 된 그의 역경과 극복 과정을 보며 크게 감동했을 것이다. 크리스토퍼의 정신 속에서 그는 여전히 '그'이다. 그러나 더 이상 팬들이 알던 슈퍼맨의 모습은 아니다. 물론 그의 엄청난 정신력은 존경받아 마땅하지만, 승마 사고 전 크리스토퍼 리브는 완전히 다른 존재였다.

잡지 편집자였던 장 도미니크 보비 Jean-Dominique Bauby 의 삶은 훨씬 극적이다. 그의 자서전 『잠수종과 나비 The Diving Bell and the Butterfly』에는 43세에 그를 전신 마비 상태로 만든 뇌졸중이 얼마나 치명적이었는지 생생히 묘사되어 있다. 움직일 수 있는 것은 그의 왼쪽 눈꺼풀이 유일했다. 그는 왼쪽 눈의 깜박임만으로 한 글자 한 글자 써 내려가며 책을 완성했다. 크리스토퍼 리브처럼 한때 활동적이었던 그의 삶은 한순간에 멈추었다. 정신은 또렷이 남아 있었지만 존재의 기반은 완전히 달라졌다.

모든 개체가 기능을 담당하는 부분에 의지하여 존재한다. 이는 쉽게 관찰할 수 있지만 더 미세한 관점에서 들여다보면 틱낫한의 말은 더 심오해진다. 종이 한 장은 사실상 종이가 아닌 부분으로 이루어졌다. 이 중 하나라도 빠지면 종이는 종이가 아니다. 마찬가지로 우리 역시 데이비드, 수잔, 제프라는 이름을 가진 개별적 존재이지만 동시에 데이비드도 수잔도 제프도 아닌 무수한 요소들로 이루어진 존재다. '데이비드다움'을 이루는 데 중요한 역할을 하는 DNA는 하나같이 '데이비드가 아닌 요소'로만 구성되어 있다.

우리가 의존하는 원인이 계속해서 바뀌는 것처럼 우리의 부분도 계속 변한다. 성장과 엔트로피의 원리만 봐도 그 어떤 것도 영원하지 않음을 확실히 알 수 있다. 컴퓨터가 고장이 나고, 과일이 썩고, 말썽만 피우던 십 대가 힘없는 노인이 된다.

가장 알아차리기 힘든 변화는 우리 내면에 있다. 거울을 보면 여전히 같은 얼굴이다. 하지만, 10년이나 20년 전 사진을 꺼내어 보면 너무 많이 변해서 흠칫 놀란다. 어떻게 눈치채지 못한 사이에 이렇게나 변할 수 있을까?

세포 단위에서 우리의 몸은 끊임없이 생성되고 있다. 매일 새롭게 생성되는 피부 세포부터 천천히 성장하는 뼈세포까지. 7년이 지나면 우리의 전체 몸은 완전히 뒤바뀌고 지금 가진 세포는 하나도 남아있지 않게된다. 내가 좋아하는 한 이야기에서 죄수가 대법원에 7년 후면 범죄를 저질렀던 순간의 사람과는 완전히 다른 사람이 되어 있을 거라며 석방을 요구하기도 했다.

## 🪷 마음속 투영 Mental Projection

로드와 짐은 단짝 친구이다. 함께 자란 둘은 각자의 결혼식에서 서로의 들러리를 해준 것은 물론 모든 일을 털어놓을 정도로 각별한 사이다.

오늘 그들은 나란히 앉아 눈앞에서 벌어지는 일을 지켜보고 있다. 둘다 같은 브랜드의 맥주를 마시며 같은 종류의 고기파이를 먹고 있다. 그들의 시선은 동일한 곳을 향하고 있고 90분 동안 다른 자극을 받지 않는다.

90분이 지난 뒤, 로드는 주먹을 치켜들며 입이 귀에 걸릴 정도로 기뻐한다. 반면에 짐은 낙담하여 집으로 돌아가는 여정을 생각만 해도 지친상태가 된다. 완전히 똑같은 상황을 겪었음에도 어떻게 이토록 상반된감정을 갖게 되는 걸까?

대답은 간단하다. 두 사람은 서로 경쟁 관계인 축구팀을 각자 응원하는데 로드가 응원하는 팀이 짐의 팀을 압승해 버렸기 때문이다.

이 이야기에는 별 놀라운 점이 없다. 지구상에는 이를 각색한 버전이 매 순간 펼쳐진다. 같은 사건도 사람에 따라 완전히 다른 반응을 자아낸다. 감정이 개입하지 않는다면 외부 사건 자체가 내부 반응을 결정하지 않다는 사실에 모두 동의할 것이다. 제삼자의 눈으로 보면 두 사람이 같은 사건을 두고 얼마나 상반된 해석을 내리는지 쉽게 관찰할 수 있다. 그 사건이 축구 경기이든, 키스이든, 혹은 사업 계약 조건이든 마찬가지다. 이처럼 같은 사건에 전혀 다른 반응이 나오는 이유는 외부 사건 자체가 아닌 각자의 믿음과 태도, 즉 마음속 투영 때문이다.

하지만, 우리가 그 행동의 당사자라면 이야기는 달라진다. 자기 반응 말고는 다른 해석을 떠올리기 어렵기에 결국 타인의 말을 쉽게 받아들이지 못하게 된다.

증오에 사로잡힌 한 사람이 비행기를 몰아 수천 명의 무고한 시민을 희생시킨 사건은 이유 없는 야만적 참극으로 느껴진다. 히로시마 주민들도 같은 심정이었을 것이다. 우리는 이슬람 근본주의자들이 9월 11일을 축하하는 모습을 보며 혐오감을 느낀다. 하지만, 1945년 원자폭탄 투하 직후 승리를 자축하던 연합군의 모습은 좀처럼 떠올리려 하지 않는다.

## 🪷 믿음 vs 현실의 사건

20대에 나는 심한 우울증을 앓았다. 내 생각에 그 원인은 여자 친구에게 차인 데 있었다. 내가 자란 군대식 문화가 강한 환경에서는 이런 일을 '총알을 맞았다.'라고 표현했다. 실제로 졸업 앨범에는 총에 맞아 온몸이 벌집이 된 나를 그린 만화가 실려 있다.

당시 나는 내 의지와는 무관하게 벌어진 사건이기에 반응을 선택할 수 없다고 여겼다. 내가 원하는 것은 오로지 다시 그녀와 함께하는 것이었지만 그럴 가능성은 없었다.

좀처럼 불행에서 빠져나올 수 없었던 나는 아주 유능한 치료사 밥 '슈퍼' 후퍼Bob 'Super' Hooper가 '총알을 맞는 일'이 왜 그토록 우울한지 이유를 빠짐없이 쓰라고 했을 때 변하기 시작했다. 그가 주로 사용하는 방법은 1960년대부터 서구권에서 시행해 온 인지 치료 기법 중 한 가지였다. 그는 '현실 세계의 사건'이 자동으로 특정 반응을 일으키는 게 아니라고 설명했다. 또한, 감정을 일으키는 것은 사건 자체가 아니라 우리의 해석 때문이라고 주장했다.

나는 목록을 작성하면서도 의심을 지울 수 없었다. 다음 치료 시간에 슈퍼 후퍼는 그 목록을 건네 달라고 하더니 누구도 거부할 수 없는 유머와 날카로운 논리로 내 모든 이유를 완벽히 반박했다.

"당신은 트레이시와 같은 여성을 다시는 만날 수 없을 거라고 말하는 군요." 그가 응수했다. 그러고는 장난스럽게 씩 웃으며 "그런 여성을 만나고 싶어 하지 않는다는 말로 들리는군요. 그런데 말이죠, 몇 살이죠?"라고 말했다.

"21살입니다."

"사람들이 대략 몇 살에 결혼한다고 생각하세요?"

나는 어깨를 으쓱하며 말했다. "20대 중반부터 30대 초반이요."

"당신은 트레이시를 만나기 전에도 몇 사람과 교제했었죠?"

나는 끄덕였다.

"앞으로 10년 동안 이성 교제를 해도 적당한 짝을 못 만날 것 같다는 말이죠?"

보통 상담을 받으러 갈 때는 다정한 위로나 배려를 기대하지 논쟁을 기대하지 않는다. 하지만, 슈퍼 후퍼는 정확히 나에게 필요한 사람이었다. 바로 내 안의 끈질긴 자기 파괴적 믿음을 뒤집어 줄 사람이었다. 그와 몇 판을 붙은 뒤 우울함에 빠지는 시간이 점점 더 짧아졌다. 그러다 예전처럼 우울한 감정에 휩싸이기 시작하면 이런 생각이 들었다. '잠시만! 내가 뭐 때문에 우울해지고 있는 거지?'

이미 일어난 일에 불행을 느끼는 것을 완벽하게 없앨 수는 없었다. 당연히 나도 사람이니까. 하지만, 내 우울한 감정 밑에 깔려있던 바닥이 사라진 것 같았다. 자세히 들여다보니 나의 우울감은 모두 현실 왜곡에서 비롯된 것이었다. 슈퍼 후퍼는 늘 배놓지 않고 얘기했다. 내가 불행한 이유는 모두 내 머릿속에서 나왔다는 것을. '총알'을 맞았다고 해서 모든 청년이 만성적인 우울증에 빠지지는 않는다. 그것은 오로지 나의 선택이었다. 그렇게 나는 좀 더 가벼워질 수 있었다.

# 🪷 우리가 세상을 이해하는 방식

세상 모든 존재는 여러 요소에 기대어 성립한다. 원인과 부분, 마음속 투영까지 모두 합쳐 생각해 보면 분명해지는 게 있다. 우리 대부분이 세상을 이해하는 방식은 근본적으로 왜곡되어 있다는 것이다. 우리는 이제껏 외부 세계가 독립적으로 실재한다고 느껴왔다. 그리고 우리 자신도 개별적으로 실재하며 세상과 상호작용을 한다고 생각해 왔다.

하지만, 이렇게 현실을 '고정된 실체'로 보는 관점은 과학자들에 의해 이미 오래전에 신빙성을 잃었다. 오히려 현대 양자 물리학의 관점이 2,500년 전에 살았던 남자의 가르침과 잘 부합한다. 불교의 업 개념과 연기 사상은 우주 속 에너지와 물질은 끊임없이 변화하고 있다고 보는 물리학의 관점과 결을 같이한다.

부처님과 과학자들은 온 우주에는 영원하거나 개별적이고 고정적인 것이란 없다는 사실에 동의한다. 그런 개체는 존재할 수 없다. 이 세상 '모든 것'은 상호 의존적이며 유동적이다.

모든 현상은 연기緣起하므로, 다시 말해 서로 의존하여 발생하기 때문에 '자성自性이 비어 있다.'라고 표현한다. 바꿔 말해, 자성이 비어 있기 때문에, 그러니까 세상에는 고정된 실체란 없으므로 모든 존재는 연기한다. 이렇듯 연기와 자성이 비어 있다는 공空사상은 동전의 양면과도 같은 개념이다.

'연기'의 진짜 흥미로운 지점은 그것을 '나'라는 존재에 적용할 때 드러난다.

# 🪷 '나'의 본성

> '나'를 붙잡으면, '타인'도 붙잡게 된다.
> '나와 타인'을 통해서 집착과 증오가 생겨난다.
> 이 모든 것이 연결되어 번뇌가 생긴다.
>
> – 다르마키르티Dharmakīrti, 『집량론 주석서Commentary on the Compendium of Valid Cognition』

지난 장에서 우리는 어떻게 '자아'가 불만족의 원인이 되는지 살펴보았다. 특정 삶의 방식대로 살아야 하고, 타인으로부터 인정받아야 하고, 영향력 있는 위치에 올라야 하며, 쾌락을 즐기며 살아야 한다고 믿는 게 바로 '자아'이다. 우리는 모두 우리 삶의 이야기를 포함해 자기 자신, 개인 취향, 장단점에 대해 뿌리 깊은 고정 관념을 품고 살아간다. 이 모든 것이 합세하여 '나'라는 고정된 자아감自我感을 만들어 내는 것이다.

부처님의 첫 가르침에 관한 장에서 우리는 나르시시즘의 역설에 대해 살펴보았다. 어떻게 자아에 매몰되면 행복해지기는커녕 불행해지는지 알아보았다. 보리심의 실천이 이 문제를 직접적으로 해결하는 한 가지 방법이었다. 하지만, 불행을 벗어나는 또 다른 방법이 있는데 바로 '연기'이다.

연기의 법칙을 자아에 적용해 보면 겉보기에 강하고 중요하며 단단히 고정된 실체처럼 보이는 자아가 사실은 존재하지 않음을 알게 된다. 그러니까 자아가 독립적인 개체가 아니라는 사실을 깨닫는다. 더 자세히 살펴보면 볼수록 세상에 그런 것은 없다는 걸 깨닫게 된다. 자아라는 개념은 우리가 만들어 낸 것이다. 자아는 우리가 머릿속에서 지어낸 것 그 이상 그 이하도 아니다.

그렇다면 이것을 어떻게 확인할 수 있을까. 우리 자신에 관한 생각이 다른 사람에게는 존재하지 않는다는 사실로 알 수 있다. 우리는 우리가 특정 성격이나 자질을 갖고 있다고 믿는다. 하지만, 내가 생각하는 나와 타인이 생각하는 내가 정말 일치할까? 타인도 내가 나를 보는 방식과 동일한 방식으로 나를 볼까? 가장 친한 사람이나 사랑하는 사람이 나와 동일한 시선으로 나를 보고 있는 걸까?

바로 이런 딜레마 때문에 스코틀랜드 시인 로비 번스 Robbie Burns 는 이렇게 읊었다. "아, 누군가 우리에게 타인의 눈으로 우리 자신을 볼 수 있는 선물을 줄 수 있다면!" 놀랍게도 많은 사람이 다른 사람에게 자신이 어떤 인상을 남겼는지 자신이 어떻게 비쳤을지 또 어떤 이미지를 가졌는지 걱정하는 데 엄청난 에너지를 쏟는다.

현실에서 자기 자신에 관한 생각은 우리 머릿속에만 존재한다. 그런 생각을 보통 누군가와 공유하지 않으며 다른 사람은 그것을 신경 쓰지 않는다. 그들은 또 그들 나름대로 마음속 투영을 갖고 있기 때문이다. 게다가 자신의 마음속 투영마저도 순간의 기분에 따라 크게 좌우 된다. 우리가 우울할 때는 우리의 실패와 부족함이 한없이 무겁게 다가온다. 아주 기분이 좋을 때는 긍정적인 면을 많이 발견하게 된다. 시간이 지나면서 우리가 누구인지에 대한 생각도 바뀐다. 가치관인나 희망 사항을 포함해 누구를 곁에 두고 무엇이 소중한지에 관한 생각 모두가 쉽게 변한다. 그렇다면 제각각 다른 버전의 '나' 중 '진짜 나'는 무엇이란 말인가.

## 🪷 두 개의 '나'

불교는 두 종류의 '나'를 이야기한다. 첫 번째 '나'는 변화하는 몸과 마음의 연속체에 편의상 붙인 이름이다. 이 연속체는 어제의 그것이나 10년 전의 그것과 이미 달라져 있을 수 있다. 게다가 그 연속체를 경험하는 방식은 사람마다 크게 다르다. 그럼에도 더 나은 대안이 없기에 우리는 이 끊임없이 변하는, '나'가 아닌 요소_Non-I Element 들의 집합을 '나'라고 부른다. 이러한 이해, 즉 연기 사상을 반영한 '나'가 바로 정확한 '나'이다.

하지만, 대부분의 사람은 여기서 한 걸음 더 나아간다. 원래 '나'는 끊임없이 변하는 몸과 마음의 요소들이 모인 집합일 뿐인데 우리는 여기에 실제로 존재하지 않는, 마음이 만들어낸 '가짜 나'를 덧씌운다. 예를 들어 "다리는 아픈데 기분은 좋아."라는 말을 우리는 아무렇지 않게 한다. 하지만, 잘 생각해 보라. 도대체 누가 기분이 좋다고 느끼는 걸까? 이 표현대로라면 다리는 '나'의 소유물이다. 우산이나 열쇠 꾸러미처럼 말이다. 그러면 다리는 단지 '기분이 좋은 나'에게 덧붙은 부수적인 존재가 된다. 그러나 이미 살펴봤듯 무언가를 소유하는 '나'라는 실체는 없다. 우리가 부르는 '나'란 다리를 포함한 여러 부분이 모여 이루어진 집합이기 때문이다.

대부분의 사람은 마음이 만들어낸 '가짜 나'에 휘둘린다. 이 잘못된 '나'가 마치 정신의 주인이고 지배자인 것처럼 믿게 되는 거다. 그리고 이런 방식으로 '나'뿐 아니라 타인에게도 온갖 속성을 투영한다.

우리는 흔히 축구 경기 결과나 폭탄 투하, 이별과 같은 사건에 감정과 해석을 덧씌운다. 마찬가지로 끊임없이 변하는 '내가 아닌 요소'의 집합체에 온갖 이미지를 투영한다. 그러고는 그게 진짜라고 자신을 설득한다. "나는 내향적이야." "나는 환경운동을 믿어." "나는 숫자에 강해."라는 말이 그 전형적인 예이다.

라마 예셰는 이 상태를 '이중 거품Double Bubble' 안에서 사는 것이라고 했다. 첫 번째 거품은 잘못된 '나', 즉 겉보기엔 독립적으로 존재하는 것 같지만 실제로는 마음이 만든 투영물인 '나'이다. 두 번째 거품은 그 '가짜 나'에 덧붙인 성격, 취향, 습관 같은 속성들의 모음이다. 라마 예셰가 거품 비유를 쓴 이유는 이런 투영이 거품처럼 쉽게 터져 사라질 수 있기 때문이다.


## 🪷 '투영'의 원인

그렇다면 애초에 이런 투영은 어디에서 생기는 걸까? 간단히 말하자면, 투영은 업을 통해 생긴다. 같은 사물과 음악, 향기도 사람에 따라 각자 다른 방식으로 받아들여진다. 각자 다른 조건에서 이것들을 접하기 때문이다.

우리는 과거의 업에 따라 생겨난 선천적·후천적 자질 꾸러미를 갖고 삶을 시작한다. 커가면서 마주치는 수많은 가능성 속에서 여러 원인과 조건이 서로 얽혀 업이 열매를 맺는다. 그 과정에서 우리는 사물의 존재 방식에 관해 해석하고 관념을 세우고 그것을 세상과 자신에게 투영한다.

앞서 언급했듯이 이 세상에는 독립적으로 존재하는 고정된 실체란 없다. 만약 있다면 그것의 존재 방식에 대해 모두가 일치된 의견을 가져야 한다. 하지만, 실상은 각자의 존재 방식에 대해 서로 다른 생각을 가진다. 우리 자신을 포함한 모든 현상은 연기 법칙에 따라 존재하기 때문이다. 이런 측면에서 업과 연기는 불가분의 관계이다.

다행히도 우리는 엄청난 행운을 타고났다. 우리는 언제든지 마음에 들지 않는 해석이나 관점, 즉 마음의 투영을 바꿀 수 있다. 업도 다른 모든 것과 마찬가지로 연기에 따라 생겨날 뿐 고정되어 있지 않다. 그러니 업을 바꾸라. 그러면 삶의 방식도 자연스럽게 바뀐다. 우리가 지금 하는 모든 행동, 말, 그리고 마음가짐이 미래의 현실을 창조한다.

## ✿ '자아'가 내가 아니라면, 나는 대체 누구인가?

자아감 또는 자아는 의식과는 다르다.
자아란 의식이 어떤 조건 속에서
만들어내는 하나의 모습일 뿐이다.
인간의 경우, 육체를 구성하는 힘과 물질이
복잡하게 얽힌 조직체와 감각에
이런 조건이 연결되어 인간을 이룬다.

— 롭상 P. 랄룽가Lobsang P. Lhalungpa, 『밀라레빠의 생애The Life of Milarepa』

이쯤 되면 이런 생각이 들 것이다. '말은 좋지. 그런데 지난 세월 동안 갖고 있던 '나'라는 개념을 완전히 무너뜨려 놓으면 앞으로 어떻게 살라는 거지? 그리고 내가 죽으면 뭐가 남는 건데? 그냥 무無인가?'

롭상 랄룽가는 위 인용문에서 잘못된 '자아감'을 버린다고 해서 의식의 존재를 부정하는 것은 아니라는 대답을 분명하게 내놓는다. 이는 그저 완벽히 거짓임이 드러난 의식 모델을 부정하는 것일 뿐이다.

잘못된 '자아감'을 버리고 난 뒤 남는 것은 의식 또는 업에 의해 형성되는 '마음의 흐름'이다. 마음의 흐름은 온갖 경험을 한 뒤 아프리카의 어느 마을에 영양실조로 비쩍 마른 개로 다시 태어날 수도 있고 캘리포니아의 부잣집에서 금수저로 태어날 수도 있다. 이 모든 것은 업에 달려 있다. 선택은 우리의 몫이다.

하지만, 이보다 더 좋은 것은 의식이 윤회의 굴레에서 벗어나는 것이다. 더 이상 업에 의해 좌지우지되지 않는 지각Awareness을 우리는 무시부터 우리 안에 있던 불성이라고 부른다. 그리고 이 불성을 경험하는 것이 바로 열반Nirvana이다.

9장 초반에 나는 틱낫한의 말을 인용했다. 틱낫한은 깨달음은 파도가 자신이 물임을 아는 것과 같다고 묘사했다. 이 멋진 비유는 우리가 잘못된 자아 개념, 즉 '나'가 다른 것들과 완전히 떨어져 따로 존재한다고 믿는 생각을 버릴 때 우리의 참된 본성이 드러난다는 뜻이다. 그 참된 본성이란 우주와 하나 되어 있고 한계가 없는 순수한 의식이다. 그리고 이 본성을 처음 경험할 때 우리는 '자성'이 비어 있음을 깨닫는다. 이때부터 우리는 눈에 보이는 겉모습이 사실은 허상일 수 있다는 사실을 이해하기 시작한다.

부처님은 깨달음보다도 불만족에 대해 훨씬 더 많이 말했다. 왜냐하면 보통 사람은 깨달음이 어떤 상태인지 그 특별한 행복을 상상조차 하기 어렵다고 보았기 때문이다. 깨달음을 얻은 스승들은 인간이 경험할 수 있는 어떤 기쁨도 깨달음의 환희에는 미치지 못한다고 결론 내렸다. 그래서일까, 높은 경지에 오른 많은 수행자가 은둔 수행을 끝내고 세상으로 돌아오기를 몹시 꺼리는 것도 사실이다.

'합일의 체험Oceanic Experience'이라는 말이 있다. 이는 많은 사람이 잠시나마 경험한 적 있는, 훨씬 더 크고 황홀한 에너지의 일부가 된 듯한 뜻밖의 순간을 말한다. 틱낫한의 파도 비유에서처럼 '합일의 체험'은 거대하고 눈부신 행복을 표현하기에 알맞은 말이다.

우리의 원초적이고 참된 본성을 이론적으로라도 이해한다면 죽음이란 결국 잘못된 자아 개념에서 비롯된 것임을 알 수 있다. 실제로는 아무것도 죽지 않는다. 애초에 죽음이란 없다. 파도의 본성은 언제나 물이었듯이 말이다. 만약 파도가 자신의 본성을 다른 것이라 여겼다면 그것은 자신을 가두는 잘못된 믿음 때문이었을 것이다.

『티베트 사자의 서Tibetan Book of the Dead』에는 이런 말이 나온다. "만물의 참된 본성은 허공처럼 텅 비고, 드넓고, 아무것도 걸치지 않은 상태다. 중심도 둘레도 없는 공空, Emptiness의 청명한 빛은 순수한 의식이 깨어나는 새벽과 같다." 독립적으로 실존하는 '나'란 존재하지 않는다는 것을 깨달을 때 우리의 참된 본성을 이해할 수 있다. 그때 비로소 환희를 경험할 수 있다.

# 🪷 '연기'를 실천하기

공을 어렴풋이만 깨달아도 윤회의 사슬이 끊어진다.

– 아리야데바Aryadeva

'연기'는 손에 잡힐 듯 잡히지 않는 개념이다. 이제야 이해했다고 생각하는 순간, "아차!"하고 내 손아귀에서 빠져나간다. 그리고 현실이 눈에 보이는 그대로가 아니라는 깨달음만 덩그러니 남는다. 그러나 그것이 정확히 어떻게, 왜 그런지는 여전히 알 수 없다. '공'의 반대 개념인 연기는 우리에게 익숙한 모든 사고방식을 거스르기 때문에 제대로 개념을 잡으려면 계속해서 연기에 관한 가르침을 듣고 또 들어야 한다.

불교의 핵심 사상인 연기는 많은 경전과 해설서에서 다루지만 관련 가르침이 워낙 방대하여 용어가 항상 통일되어 있지 않다는 점을 알아둘 필요가 있다. 이 주제를 다룰 때 자주 함께 언급되는 다른 용어로는 '관觀, Special Insight'과 '공성空性의 지혜 Shunyata Wisdom'가 있다.

'자성의 비어 있음'을 간단히 '공'이라고 부른다. 불교에서 가장 자주 쓰이는 이 '공'은 연기에서 자연스럽게 따라 나오는 개념이다. 모든 현상은 부분, 원인, 마음의 투영에 기대어 나타난다. 그래서 어떤 것도 혼자서 스스로 존재하는 성질, 즉 자성을 가질 수 없다. 현상은 자성이 비어 있기에 다시 말해 공이기에, 반드시 부분과 원인, 마음의 투영을 통해서만 드러난다.

공보다 연기를 먼저 설명한 까닭은 공을 먼저 설명하면 '비어 있음 Emptiness'과 '무Nothingness'를 혼동할 위험이 크기 때문이다. 더 깊이 들어가 살펴보면 '비어 있음'은 '무'와 전혀 다르다. 이 두 개념을 동일시하는 것은 근본적인 오류이며 이는 곧 허무주의에 빠지는 길이다.

'연기'는 개념만 놓고 봤을 때, 냉소주의자조차 전율케 하는 깨달음이다. 하지만, 불교의 다른 가르침처럼 연기도 생각이 아니라 실천이 관건이기에 직접 체험해 보는 것이 아주 중요하다. 특히 깊은 명상 상태에 있을 때 이를 경험해 보아야 한다.

유명한 요가 수행자이자 시인인 밀라레빠Milarepa는 이런 말을 했다. "굶주린 사람에게 필요한 것은 지식보다는 음식입니다. 마찬가지로 우리는 머리로 아는 것에 그치지 말고 명상을 통해 직접 공의 의미를 경험해 보아야 합니다."

책 초반부에 출리심은 연꽃으로 보리심은 은빛 달 방석으로 상징된다고 언급했다. 연기나 공의 상징은 금빛 태양 방석이며 주로 그 위에 부처님이 앉아 있는 형태로 표현된다. 순서대로 보면 맨 아래에 연꽃이 있고 그 위에 은빛 달 방석과 금빛 태양 방석이 차례로 놓여 있다.

연꽃은 진창을 뚫고 나오는 힘을 비유하고, 달 방석은 보리심의 은은한 아름다움을 상징하고, 태양 방석은 연기를 직접 경험하고 깨달았을 때 나오는 찬란한 빛을 뜻한다.

'연꽃과 달, 태양'은 종종 깨달음에 이르는 길을 묘사할 때 사용된다.

앞서 우리는 사랑에 빠졌을 때의 경험을 살펴보았다. 백마 탄 왕자 이야기나 감상적인 대중가요, 할리우드식 로맨스 영화가 전하는 감정은 실제 감정과는 비교도 되지 않는다고도 했다.

'연기'도 마찬가지다. 아무리 머리로 이론을 세우고 추측을 해봐도 직접적인 체험을 대신할 수는 없다. 불교의 궁극적 목표인 이 체험은 인간이 만들어내는 모든 개념과 언어, 상상을 뛰어넘는다. 그렇다면 우리는 어떻게 그 목표에 이를 수 있을까?

개인적인 경험을 바탕으로 쓰고 싶지만 대부분의 수행자들처럼 나 역시 명상 대가들의 지혜에 의지할 수밖에 없다. 그들에 따르면 직접 체험하는 단계로 나아가기 위해서는 먼저 연기의 개념에 충분히 익숙해지는 과정이 필요하다. 하루 종일 우리가 겪는 모든 것이 단지 연기일 분임을 거듭 상기하며 그 사상을 철저히 익히다 보면 점차 우리 자신과 주변 세계를 바라보는 인식이 변하기 시작한다.

## 🪷 두 갈래 접근법

내가 특히 좋아하는 방법 하나는 보리심과 연기를 동시에 떠올리는 것이다. 이 방법은 아주 유연한 방법이라 다양한 상황에 적용해 볼 수 있다. 게다가 바쁜 사람도 말 그대로 일어나서 잠드는 순간까지 손쉽고 재빠르게 적용해 볼 수 있다.

아침에 일어나서 맨 처음 샤워할 때, 얼굴에 떨어지는 물을 맞으며 이렇게 생각한다. '이 정화의 행위를 통해 나와 모든 중생이 속히 깨달음에 이르기를.' 이 생각에 이어 다음을 떠올린다. '나는 단순히 연기에 따라 산다. 샤워 행위도 그저 연기일 뿐이다. 모든 존재도 그저 연기일 뿐이다.'

아침 커피의 첫 모금을 들이킬 때, 그 순간을 모든 중생을 위한 회복과 재생의 행위로 봉헌한다. 따뜻한 향과 맛 속에서 커피와 나, 그리고 모든 것의 참된 본성을 다시금 떠올린다.

지난 장에서는 보리심을 품으면 가장 평범한 행위조차 초월적인 행위가 될 수 있음을 살펴보았다. 이와 마찬가지로 연기를 거듭 상기하는 일은 말로 다할 수 없을 만큼 유익하다. 왜냐하면 그것이 우리에게 태어날 때부터 자리 잡은 왜곡된 현실 인식을 바꿔 주기 때문이다.

우리는 이 방식을 관대함·인내·윤리적 행동이 요구되는 상황뿐 아니라 모든 일상 활동에도 적용할 수 있다. 이를 닦을 때나 헬스장에 갈 때, 편지를 쓸 때도 이 방법을 활용할 수 있다. 어떤 상황이든 우리는 깨어있음에 한 걸음 더 다가갈 수 있는 도구를 이미 갖고 있는 셈이다.

'그러면 너무 복잡하지 않을까?'라고 생각할 수 있다. '안 그대로 바쁜데 이런 생각을 할 여유가 어디 있어?'

하지만, 잘 생각해 보면 어차피 우리가 떠올리는 대부분의 생각은 우리의 안녕에 전혀 유익하지 않다. 그러니 두서없이 조각난 생각을 좀 더 유익한 쪽으로 바꿔보는 것이 어떨까. 가끔 너무 분주할 때는 수행할 시간이 모자랄 수 있다. 이럴 때는 짧게나마 자투리 시간을 활용하는 것도 좋다.

예를 들어, 쓸데없이 출근길 아침 방송을 듣지 말고 선한 업을 쌓는다는 마음으로 다음처럼 기도하라. "생계를 위해 일터에 나가 나와 나에게 의지하는 이들을 돌보면서 불법을 실천하오니, 이 공덕으로 모든 중생이 고통에서 벗어나 속히 깨달음을 이루기를 빕니다."

"동시에 나와 나의 일터, 나의 일은 그저 연기에 따라 생겨났음을 압니다. 이 세상에 그 어떤 것도 홀로 존재할 수 없습니다. 모든 것이 원인과 부분, 마음의 해석에 기대어 있음을, 외부의 존재가 없으면 나 또한 없음을 고백합니다."

"그러니 이제 모든 것을 내려놓고 편안하겠습니다. 나는 윤회의 허상 속에 빠지지 않겠습니다. 나는 서로 기대어 존재하는, 끝없는 우주의 일부임을 깨닫습니다. 그러니 일터에서 저와 다른 중생의 깨달음을 위해 공덕을 쌓는 것보다 더 큰 선행이 어디에 있겠습니까?"

그렇다면 이처럼 연기의 관점에서 수행하는 것은 매우 유익하다고 해도 다른 일은 어떻게 할 것인지 궁금할 수 있다. 하루 종일 보리심과 연기를 생각한다고 다른 것을 놓치면 어떡하나 생각하거나 현실 감각이 떨어져 경쟁 우위를 잃고 제대로 성과를 내지 못하면 어떡할 것인가 하는 생각이 들 수 있다.

사실, 우리가 강하게 집착하고 있는 현실도 허상이다. 오히려 이런 수행으로 진짜 실재를 붙잡을 수 있다. 게다가, 내가 아는 수행자 대부분은 현실 세계에서 수행 능력이 향상되었으면 되었지 성과를 내지 못하는 사람은 없었다.

책의 앞부분에서 살펴본 것처럼 집착을 버리는 것은 매우 유용하다. 앞서 나가고 싶거나, 더 많은 돈을 벌고 싶거나, 일을 효율적으로 하고 싶다면, 감정에 휘둘리지 않고 객관적인 태도를 유지해야 한다. 무아의 상태에서 평안함에 이르면 삶의 과정 자체에서 즐거움을 느낄 수 있을뿐더러 더 넓은 시야로 세상을 바라볼 수 있다. 또한 고요하고 윤리적으로 행동할 때 사람들의 호감을 살 수 있고 평소 그렇지 않은 이들도 자연스레 마음을 열게 된다.

현대인들은 지나칠 정도로 생각이 너무 많다. 마음이 복잡하고 얽혀 있을 때, 연기를 떠올리는 것은 변화를 끌어내는 좋은 분석법이다. 또한 이를 보완해 주는 또 다른 길은 명상을 통해 직접 체험하는 것이다.

##  명상 기법 4. 마하무드라 Mahamudra

마하무드라 명상은 우리 마음 자체를 명상의 대상으로 삼는 수행이다. 이 방법은 매우 심오하여 오직 마하무드라만을 집중적으로 다루는 책도 많다. 그렇기 때문에 이 명상은 경험 있는 스승의 지도 아래에서 실천해야 올바르게 수행할 수 있다.

그렇지만 마하무드라 명상을 가볍게 접근하기만 해도 연기의 개념 이해에 도움이 된다.

- 칠지 명상 자세를 취한다.
- 호흡 세기 명상을 하며 마음을 가라앉힌다. 들숨과 날숨의 감각에 모든 주의를 기울인다.
- 마음이 가라앉으면 이제 마음 그 자체에 집중한다.
- 어쩔 수 없이 생각이 떠오르면 생각에 붙잡히지 않도록 한다. 그저 이렇게 생각한다. '갑자기 은행 잔고가 떠올랐네.'하고는 그냥 흘려보내라. 그 생각에 힘을 실어주지 않으면 그것이 얼마나 빨리 사라지는지 놀랄 것이다. 이는 추상적인 생각에 쉽게 사로잡히는 일반적인 마음의 작용을 거스르는 일이다.
- 생각과 생각 사이에 있는 넓은 마음의 평화로움에 집중한다. 이는 마치 구름이 걷히고 광대한 하늘이 모습을 드러내는 것과 같다. 이

처럼 걸힐 것 없이 맑은 상태를 얼마나 지속할 수 있는지 그저 지켜 보라.

· 수행할수록 집중력이 향상될 것이다. 자연스레 생각도 덜 떠오를 것이다. 그러다 생각이 없어지는 순간이 올 것이다. 그러면 명상의 상태는 더 고요하고 빛날 것이다.

· 좋은 순간이 있으면 나쁜 순간도 올 것이다. 항상 명상 상태가 고요하고 좋을 수만은 없다. 하지만, 걱정하지 마라. 명상이 잘되지 않더라도 동요하지 마라. 마음이 흔들리고 있다는 것을 알아차린 것만으로도 마음 챙김에 이른 것이다.

여기까지가 마하무드라의 가장 기본적인 자세이다. 마하무드라 명상을 수행할 때는 마치 거친 파도에 휩쓸려 난파선을 붙잡고 있는 생존자가 된 것 같을 수 있다. 나 또한 그러했다. 하지만, 매우 어렵게 느껴지던 명상법도 꾸준히 이어가다 보면 깊은 평온의 근원 속에 있게 된다. 더 나아가 혼란 대신 우리의 본래 마음에서 발현되는 무한한 광명을 체험할 수도 있다. 때로는 명상의 끝에서 실망감을 맛볼지도 모른다. 하지만, 끝까지 명상을 마쳤다는 사실만으로도 궁극적인 목표를 향하는 작은 성취를 이룬 것임을 명심하자.

## 🪷 '연기'를 찬양하며

우리 눈에 보이는 모습은 꿈과 같으며,

마음에 투영된 허상임을 알라.

어떤 것도 집착하지 말고, 모든 개념을 뛰어넘어

순수한 의식의 지혜 속에 머물러라.

– 체레 나촉 랑드롤Tsele Natsok Rangdrol


나의 법사法師 레즈 시히는 연기의 개념을 설명할 때 뇌리에 강하게 남
도록 예를 들곤 한다. 설법 자리에 앉아 있다가 수강생들이 공양한 꽃 중
하나를 빼내고는 이렇게 묻는다.

"이것이 꽃입니까?" 그러면 사람들은 고개를 끄덕인다.

그러자 꽃잎 한 장을 떼어내어 손에 들고는 또 묻는다. "이것은 꽃입
니까?"

그러면 사람들은 진지하게 고개를 젓는다. 레즈 시히가 다시 한 장을
떼어내서 묻는다. "이것은 꽃입니까?"

꽃잎을 한 장씩 떼어내면서 사실상 꽃이 아님을 확실히 하며 질문을
이어간다. 앙상한 꽃대만 남은 것을 들고 다시 묻는다. "이것은 꽃입니
까?" 물론 그것은 꽃이 아니다. 꽃잎이 모두 갖추어져야 비로소 꽃이라
할 수 있다. 꽃은 여러 부분에 의지해 존재할 때만 꽃이다. 부분이 사라
지고 난 뒤에는 꽃의 본성은 사라진다. 우리도 마찬가지다. '나'가 별개
의 고정된 성질을 가진 존재라고 믿는 생각, 또 그 '나'가 여러 성질과 특
징을 가지고 있다는 생각을 버려야 한다. 부분과 분리되어 홀로 존재하
는 '나'란 없다. 애초부터 있을 수가 없다. 우리는 그저 연기의 그물 속에
서만 존재할 뿐이다.

레즈의 연기에 관한 가르침은 뉴욕에서 다시 퍼스로 돌아오고 나서의

내 삶에 아주 중요한 역할을 했다. 9·11 테러의 충격에도 불구하고 나는 세 번째 소설이 미국 출판사에 팔릴 거라는 기대감으로 한층 부풀어 있었다. 런던 에이전트와 편집자도 이에 대해 아주 열정적이었고 뉴욕 에이전트도 마찬가지였다. 소설의 주제도 당시 상황과 잘 맞아떨어진다고 생각했다. 생명과학에 관한 관심이 급격하게 올라가고 있던 터라 예감이 좋았다.

생명과학의 세계를 배경으로 한 이 책은 '만약?'이라는 질문을 중심 화두로 던진다. 이를테면 '만약 노화 속도가 지금보다 20~30퍼센트 느려진다면?' 혹은 '원래보다 30년을 더 살 수 있게 된다면?'과 같은 질문을 한다.

불로장생의 묘약을 찾아 헤맨 역사는 인류의 역사만큼이나 오래되었다. 하지만, 과학의 눈부신 진보로 인해 소설 속에서나 가능할 것 같던 일들이 현실이 되어가고 있다. 이 주제가 뉴욕 출판 편집자의 마음을 움직이길 간절히 바랐다. 하지만, 의외로 일의 진행 속도가 너무 느려 시간이 오래 걸렸다. 나는 늘 런던보다 뉴욕에서의 일 처리가 더 빠르다고 생각했었다. 그렇게 시간을 보내며 실망을 거듭하다가 에이전트로부터 아무 소식을 듣지 못하자 결국 체념하고 말았다.

다시 나는 홍보 일에 전념하면서도 동시에 새로운 이야기의 초고를 완성해 가고 있었다. 이번 소설은 고기에 함유된 성장 호르몬을 소재로 한 스릴러였다. '인간이 약물이 투입된 육류를 그렇게 많이 먹고도 그 속의 호르몬 영향을 피할 수 있을까? 당연히 그 호르몬은 먹이사슬을 타고 결국 인간에게까지 전해지지 않을까?'

조사를 더 해 보니 그 의문이 사실로 드러났다. 더욱 충격적인 것은 미국에서 광범위하게 사용되는 성장 호르몬을 유럽에서는 발암물질로 간주해 사용이 금지되고 있다는 사실이었다.

새 소설의 무대는 허구의 패스트푸드 체인 기업 '텍사스 셰리프'였다. 그렇게 세 권의 소설로 얻은 모든 경험을 총동원해 현대적인 스릴러의 초안을 완성했다. 국제적인 반향을 얻기를 바라면서 초안을 그렸다. 동시에 뉴욕 출판 계약이 진전되기를 기다리던 중 내 신작 스릴러를 높이 평가한 런던 에이전트로부터 연락을 받았고 나는 무척 기뻤다.


## 🪷 사성제의 첫 번째 진리

2002년 2월, 내 생일을 맞아 아내는 나를 데리고 마가릿강에 위치한 휴양지 엠파이어 리트리트에 갔다. 그곳은 매우 마음이 편안해지는 곳이었다. 우리는 지역 와인 저장고를 방문하고 레스토랑에서 식사도 하며 며칠을 보냈다. 해 질 무렵이면 가까운 수풀로 발걸음을 옮겼다. 어둠 속으로 성큼성큼 사라져 가는 캥거루들의 붉은 뒷모습을 눈에 담기도 했다. 바닷가를 걸을 때면 흰 거품을 터뜨리며 발목을 감싸오는 파도 속에서 모래가 스며드는 감촉을 느꼈다.

퍼스로 돌아가던 어느 늦은 저녁, 나는 삶은 고통이라는 사성제의 첫 번째 진리를 뼈저리게 다시 깨달았다. 뉴욕에서부터 이메일이 도착해 있었는데 내 소설『Expiry Date』가 여러 번 거절되었다는 소식이었다. 뉴욕 출판계가 9·11의 여파를 수습하고 있어 소설 홍보를 계속하기에 시기상 적절하지 않다는 내용이었다. 짧게 말해, 당분간은 미국에서의 소설 판매는 이루어지지 않을 것이란 소리였다. 할리우드 진출은 기회조차 가질 수 없게 되었다. 뉴욕에서의 일은 보류되었고 내가 할 수 있는 일은 아무것도 없었다.

하지만, 그것은 시작일 뿐이었다. 훨씬 더 치명적인 문서 한 통이 도착했다. 담당 편집자가 새 소설『The Evil Within내면의 악마』의 초안을 방금 검토했으나 이전 작품과는 다르게 좋게 평가할 구석이 없다는 내용이었다. 편집자는 등장인물을 맹렬히 비난했으며 줄거리에 도무지 건질 데가 없다고 여긴 듯 했다. 그는 계속해서 내 소설의 최근 판매 실적이 실망스러운 수준이라며 다른 출판사를 찾아볼 것을 권유했다.

이 문서 한 장으로 순조롭던 스릴러 작가의 경력에 경고등이 켜졌음을 알게 되었다. 출판사가 그토록 떠들어대던 '장기 계획'이라는 것은 결국 여기까지였다. 나를 촉망받는 작가이자 하나의 브랜드로 만들기 위해 지원을 아끼지 않겠다는 약속은 이 정도에서 끝났다. 내 두 번째 소설『Expiry Date』의 페이퍼백 출간은 거의 중단 되었다. 나는 이미 해고 된 상황이었다.

이 충격적인 소식은 편집자와 나눈 대화 때문에 더 당혹스러웠다. 불과 몇 달 전까지만 해도 그는 책 판매량이 안정적이라며 나를 안심시켰다. 또한, 큰 기대를 걸고 있다며 두 번째 소설을 첫 소설과 묶지 않고 단행본으로 출간할 거라고 설명했었다. 그 짧은 시간 동안 어떻게 이렇게 빨리 변한단 말인가. 그러면 왜 에이전트에서는 나에게 미리 말해주지 않았나.

그때 나는 가장 먼저 원망과 배신감을 느꼈다. 태도가 정반대로 바뀌자 혼란스러웠다. 더 이상 이전 책처럼 홍보가 이어지지 않을 것임을 직감했다. 최악은 두 번째 소설이 그들의 반응과 달리 아예 세상에 나오지 못하게 되었다는 사실이었다. 광고도, 리뷰도, 홍보 활동도 모두 중단되었다. 결국 극소수만이 내 소설의 존재를 알 것이었다. 현실은 내가 예상한 것보다 훨씬 심각했다. 상황을 설명하는 이메일 한 통 없이 그해 말 『Expiry Date』의 하드커버 출간은 조용히 무산되었다. 대신, 대형 페이퍼백 판형으로 시장에 조용히 풀렸으나 그 사실을 눈치챈 사람은 거의 없었다.

개인 웹사이트를 통해 소통하던 애독자들은 어렵사리 『Expiry Date』 사본을 구해 읽고는 열렬한 반응을 보내왔다. 그들의 반응은 내게 큰 격려가 되었다. 하지만, 신인 작가의 작품은 적극적으로 홍보하지 않으면 기존 베스트셀러에 밀려 세상에 알려지기 어렵다. 이것이 출판계의 현실이다. 헌신적인 출판사와 효과적인 마케팅 없이는 작가의 목소리는 끝내 광야를 떠돌 수밖에 없다.


## 또 다른 현실

이 모든 과정을 겪으며 나는 지금 벌어지는 일을 두고 전혀 다른 해석이 동시에 가능하다는 사실을 깨달았다. 이 사건은 개인적 참사로 볼 수 있었다. 다시 말해 내가 선택한 커리어가 완전히 실패로 끝났다고 해석할 수 있었다. 또한, 9·11 참사가 불러온 출판계의 침체와 여러 다른 요인들이 겹쳐 빚어진 불운으로 해석할 수도 있었다.

반면, 이 상황은 완전히 정상적인 윤회의 과정으로 바라볼 수도 있었다. 내가 스스로 부여한 의미를 넘어서는 그 어떤 중요성도 지니지 않는 과정으로 말이다.

사성제의 첫 번째 진리, 곧 윤회의 본성이 고통이라는 가르침은 무엇보다 분명했다. 나는 얼마든지 손쉽게 외부 환경을 탓할 수도 있었다. 하지만, 사성제가 일깨워주듯 내 고통의 참된 근원은 다름 아닌 나 자신의 집착에 있었다.

보통 사람의 믿음에 따라 나는 외부 세계를 바꾸려 애썼다. 행복은 외부에 달려 있다고 굳게 믿었다. 사실 신발 한 켤레면 충분한데 나는 온 세상을 가죽으로 덮으려 했던 셈이다. 결과는 뻔했다. 성공할 리 없었다. 간신히 '출판 소설가'라는 목표를 이루었을 때조차 기대만큼 행복하지 않았다. '출판 작가가 되면 행복할 거야.'라는 생각은 곧 '베스트셀러 작가가 되면 행복할 거야'라는 집착으로 바뀌었다. 만약 내가 정말 베스트셀러 작가가 되었다 해도 그 생각은 또 다른 갈증을 낳았을 것이다. '진정한 행복은 베스트셀러 1위를 차지할 때 찾아오겠지. 미국 시장을 석권하고, 소설이 할리우드에서 영화화되고, 그리고 또, 또, 또……!'

나는 내가 의지하던 버팀목이 사라지자 분노를 느꼈다. 그때 여전히 내가 허황한 행복의 공식을 붙잡고 있었다는 사실을 깨달았다. 당연히 이제는 깨닫는 바가 있어야 하지 않은가? 도대체 얼마나 더 윤회의 고통을 겪어야 내가 겪는 문제의 원인은 재료가 아니라 조리법 자체임을 실감할까?

적어도 내게는 실패를 극복하게 해 줄 강력한 도구인 연기의 가르침이 있었다. 어떤 사건도 본디 의미를 지니지 않으며 그 의미는 오로지 주관적인 해석의 결과라는 진리를 되새겼다. 동시에 이 일을 중대한 실패나 끝없이 계속되는 불행의 원인으로 해석하지 말자고 다짐했다. 이건 사실 얼마든지 내 멋대로 해석할 수 있는 문제였다. 나는 우선 더 이상 변덕이 심한 사람과 일을 할 필요가 없어서 안도했다. 또한, 소설 집필로 인한 고립감에서 벗어날 수 있어 기뻤다. 엄청난 자만심에 빠져있던 사람들을 상대해야 했던 걸 고려하면 차라리 잘된 일이었다.

그와는 별개로, 내가 이렇게나 집착하는 '나'란 과연 무엇인가 생각했다. 지켜줘야 할 감정을 지닌, '혼자서 존재하는 나'라는 게 정말 있기는 한 걸까? 사실 작가라는 직업도 따지고 보면 마음이 빚어낸 허상이 아니면 대체 무엇이겠는가. 나에게나 의미 있는 일이었을 뿐 다른 사람들에게는 흥미롭지도 않은 그저 그들의 마음속 투영과 조금 다른 환상일 뿐이었다.

그 일이 일어나고 얼마 후, 나는 바즈라 구루<sub>Vajra Guru, 금강 같은 스승이란 의미의 스승을 높여 부르는 말</sub>이자 티베트 불교회 수장인 로덴 스님과 상담했다. 앞으로 계속 글을 써야 하는지 아니면 아예 손을 떼야 할지 물었다.

만약 로덴 스님이 내가 시간 낭비를 하고 있다고 생각한다면 그는 나에게 다른 활동에 집중하라고 말했을 것이다. 스님은 비범한 판단력을 가진 분이지 않은가. 스님은 언제나처럼 차분한 어조로 글 쓰는 게 즐겁다면 당연히 계속해야 한다고 말했다.

하지만, 그 자리에서 스님이 전하는 무언의 메시지가 크게 와 닿았다. 다른 책을 쓰는 것은 중요한 문제가 아니라고 말하는 것 같았다. 훨씬 더 깊고 광활한 차원의 중요한 문제가 따로 있는데 왜 고작 이 생의 덧없는 사건들에 나를 구속하는가. 이보다 훨씬 중요한 큰 그림이 따로 있지 않은가. 순간의 덧없는 근심을 넘어 더 넓은 지평에서 바라봐야 하지 않을까. 왜곡된 자아감에 붙잡히지 말고 다른 모든 중생의 안녕을 아울러야 하지 않을까.

나는 참깨 씨앗만 한 자아에 갇혀 스스로 불행을 택할 수도 있었다. 반대로 현실을 올바로 인식하여 평안해지는 길을 선택할 수도 있었다. 경계 없이 순수하고 서로 연결된, 참된 환희로 충만한 현실을 깨닫는 길이 눈앞에 놓여있었다.

## 🪷 하나의 이야기, 두 개의 결말

장르에 충실한 내 스릴러 소설은 언제나 좋은 끝을 맺는다. 초반에 주인공들은 어김없이 불행을 겪는다. 이야기가 전개될수록 위협은 점점 더 심각해지고 주인공은 도저히 살아남을 수 없을 것 같은 위기에 빠진다. 하지만, 결국에는 정의가 승리한다. 악을 물리친 선한 승리자가 항상 등장한다. 유명한 영화 대사처럼, "잘 가라, 친구."라는 인사와 함께 악인은 퇴장한다. 악인이 제아무리 활개를 쳐도 결국에는 합당한 벌을 받게 된다는 권선징악식 결말 속에서 안도감을 느끼며 책장을 덮는 게 보통이다.

물론 실제 삶은 이처럼 깔끔하게 매듭지어지지 않는다. 나는 내 이야기가 피 튀기는 패배 직전의 순간에 극적으로 승리를 거머쥐며 끝나기를 바랐지만 현실에서는 결코 그런 일이 일어나지 않았다. 이를테면, 뉴욕의 한 편집자가 비행기 좌석 주머니 속에서 내 책을 우연히 발견하고선 한밤중에 전화를 걸어와 거액의 계약을 제안하는 일 따위는 일어나지 않았다. 또, 끝내주는 스릴러를 찾던 할리우드 제작자가 내 소설을 단숨에 탐독하며 폭풍 같은 감탄을 쏟아내는 일도 없었다. 그렇다. 내 윤회적 망상도 누구 못지않게 허황하고 생생하다.

앞서 언급한, 가죽으로 온 땅을 덮으려는 사람의 관점에서 내 이야기는 한낱 우울한 이야기일 것이다. 하지만, 여기서 멈춘다면 핵심을 완전히 놓치게 된다. 신발을 신으려는 사람의 관점에서는 꽤 다른 그림이 펼쳐지기 때문이다.

내가 불법을 공부하기 전에는 미신적인 물질 숭배주의의 법칙에 따라 살 수밖에 없었다. 물론 무의식적 습관은 여전하지만, 적어도 이제는 겉으로 보이는 것이 안에 있는 것과 같지 않다고 인식할 수 있게 되었다. 하지만, 이것만으로도 엄청난 변화였다.

또한, '연기'에 대한 놀라운 깨달음을 얻었다. 누군가에는 자신을 비롯해 꿈, 명성, 삶, 이 모든 것을 만들어 내는 장본인은 바로 나라는 깨달음이 충격적일 수 있다. 하지만, 나처럼 자신을 너무 진지하게 받아들이는 탓에 불행한 사람에게 이 깨달음은 아주 큰 위안이다. 자신을 못살게 굴면서까지 기대와 압박감을 느끼게 되는 이유는 대개가 세상을 잘못 이해하기 때문이다. 아주 사소한 정도라도 이 오해를 바로잡아라. 그러면 삶은 그 즉시 한결 더 부드럽고 넓어질 것이다.

물론 내 신발은 아직은 얇아서 가시가 쉽게 들어온다. 하지만, 마음 챙김과 보리심, 연기의 가르침을 통한다면 내 신발은 더 두껍고 견고해질 것임을 안다.

자 이제 무엇이 더 중요한가. 내 손에서 벗어나 우연한 사건들에 따라 좌지우지되는 성공을 좇을 것인가. 아니면 현실을 더 정확히 이해하여 어떤 위협에도 흔들리지 않는 행복을 향해 나아갈 것인가.

# 10장

## 스승을
## 따르는 일

구도자가 지닌 더 높은 염원은 지식을 쌓는다고 이루어지지 않는다.
이는 마음의 장애를 극복하고 내면의 진리를 통찰해야 이룰 수 있다.
그러기 위해서는 경험 많은 스승의 인도가 반드시 필요하다.

– 롭상 P. 랄룽가, 『밀라레빠의 생애』

내가 기업 소통 전략 자문가로 일할 때에는 설명회 말미에 늘 '다음 단계'라는 순서가 있었다. 고객이 내 분석과 계획을 받아들이고 금액까지 수락하면 바로 그다음 단계로 넘어간다.

'다음 단계'는 사실상 '첫 단계'이다. 고객과 나아갈 방향에 대해 서로 합의했다면 다음 단계는 그 여정을 시작할 방법을 정할 차례가 되기 때문이다.

불법을 이해하는 데 제일 첫 단계는 합당한 스승을 찾는 것이다. 이런 이유로 불교는 처음에 이 단계를 아주 강조한다. 하지만, 나는 이 단계가 처음뿐 아니라 항상 중요하다고 생각한다. 누구든 사이비 종교 집단이나 사기꾼의 낌새를 발견하면 타당한 의심을 품기 마련이다. 그것이 개인의 성장에 영향을 미치는 일이라면 더욱 그렇다. 우리는 고급 외제 차를 대량 보유하거나 자신의 추종자들을 남미 정글에서 자살로 이끌고 웨이코에서 분신을 자행하게 한 사이비 교주 같은 사람을 아주 여럿 봐왔다. 결과를 알 수 없는 상황에서 누군가에게 소중한 마음을 맡긴다는 것은 결코 쉬운 결정이 아니다.

불교도 이에 동의한다. 불교에서는 스승을 선택할 때 고려해야 할 몇 가지 기준을 정해놓았다. 누군가를 구루Guru로 모실 때에는 그 대상을 길게는 12년까지 지켜보라고도 한다. 스승을 모시는 일은 충동구매와 같은 과정이 되어서는 안 된다는 뜻이다. 우리의 목표는 가짜나 사기꾼 때문에 시간을 낭비하기엔 너무 중요하기 때문이다. 로덴 스님은 이렇게 말했다. "수행의 길에서 우리는 아무에게나 자신을 내맡겨서는 안 됩니다. 아무에게나 코뚜레 끈을 내어주면 코가 꿰인 소처럼 끌려다니게 마련입니다. 반드시 올바른 자질을 갖춘 참된 스승을 찾아 그분께만 의

지해야 합니다."

구루라는 말은 '영적 친구'로 번역될 수 있다. 하지만, 이 단어가 상황에 따라 부정적인 어감을 가질 때도 있어 나는 스승이라는 단어를 선호한다. 불교의 취지에 더 정확하게 부합하는 단어라고 생각한다.

아마 대부분은 학창 시절에 한 번쯤 긍정적인 영향을 준 선생님을 만난 적이 있을 것이다. 그 사람은 문학이나 과학, 역사나 체육에 흥미를 일깨워 준 사람일 수도 있고 우러러보며 닮고 싶었던 스승이자 친구였을 수도 있다. 때로는 심리학자처럼 우리의 마음을 이해하고 흥미를 끌어내는 법을 알며 최고의 기량을 발휘하도록 이끌어 준 사람일 수도 있다. 바로 이런 이가 불교에서 말하는 스승이다.

불교는 실천 중심의 심리학에 가깝다. 그래서 행동과 말, 마음을 다듬는 방법을 직접 이끌어 줄 사람이 있으면 좋다. 나아가 각자의 콤플렉스와 한계를 잘 이해해 주는 이라면 더욱 유익할 것이다. 그런 스승은 우리가 우울할 때 용기를 북돋아 주고 장애물 앞에서 넘어설 수 있도록 길을 밝혀준다. 정리해 보자면 부처님의 가르침을 각 개인의 상황에 맞게 전해 줄 수 있는 이가 불교가 말하는 진정한 스승이라고 할 수 있다. 사캬판디타Sakya Pandit 는 이런 말을 했다.

태양 광선이 아무리 뜨겁더라도
렌즈가 없으면 불이 붙지 않는다.
마찬가지로 부처님의 축복도
참된 스승이 없다면 받을 수 없다.

경전을 통한 배움은 내면의 여정에 아주 중요하다. 하지만, 책으로만 배워서는 한계가 있다. 촉망받는 피아니스트라고 해도 스승의 도움이 없으면 기초적인 곡조차 완벽하게 연주하기 힘들다. 하물며 모차르트의 피아노 협주곡이나 쇼팽의 스케르초와 같은 어려운 곡은 어떻겠는가. 기초 개념은 쉽게 터득할 수 있을지 몰라도 어려운 개념은 분명 도움이 필요하다. 핵심적인 가르침을 초반에 잘못 이해하면 나중에 처음부터 다시 공부해야 할 수 있다. 스승 없는 기술자나 의사, 건축가는 없다. 스승 없이는 부처님이 될 수 없다.

## 🪷 수트라와 탄트라 Sutra and Tantra

이 책에 나오는 〈람림〉은 티베트 불교 경전Sutra, 수트라의 교리적 가르침에 해당한다. 〈람림〉을 잘 이해하고 운 좋게 올바른 방식으로 첫발을 내디딘 학생에게는 탄트라를 배울 기회가 주어진다. 여기서는 스승의 역할이 한층 더 중요해진다.

여기서 뉴에이지 잡지에 빈번하게 등장하는 '탄트라 성적 수행'에 대해 짚고 넘어가고자 한다. "그러니까 너도 탄트라를 공부하겠지?" 친구들이 의미심장한 미소를 지으며 묻곤 한다. "주말 참선 수련에서 정확히 무엇을 하지?"

분명히 밝혀 두지만 대중에게 알려진 '탄트라 성적 수행'은 티베트 불교와 아무런 관련이 없다. 물론 이를 긍정적으로 말하는 이들도 있다. 그들은 탄트라 성수행이 성을 소중히 대하도록 돕는다고 주장한다. 그러나 '보통 사람이 성수행을 통해 깨달음에 이를 수 있다.'라는 생각은 겉으로만 그럴듯할 뿐 그저 집착에서 비롯된 망상일 뿐이다. 성생활 개선에는 도움이 될 수 있겠지만 마음의 수련과는 전혀 무관하다. 만약 그것이 수행에 도움이 된다고 믿는다면 오히려 더 큰 환상에 빠지는 셈이다.

티베트 불교의 진정한 탄트라 수행은 여러 이름으로 불리며 그 가운데 하나를 '밀교密教'라고 한다. 이 수행이 워낙 비밀스럽게 전승되기 때문에 광고 따위로는 절대로 접할 수 없다. 수행이 비밀리에 이루어지는 까닭은 입문자들에게 극히 정교한 관상 수행과 진언眞言을 올바르게 가르치기 위해서다. 그리고 이 수행의 어느 과정에서도 '옷을 벗는 일' 따위는 없다.

## 🪷 스승의 자질

완벽한 스승이 갖추어야 할 자질은 오랜 시간 동안 많은 이를 거치며 정리되어 지금까지 전해지고 있다. 미륵보살의 『경장엄론Ornament for the Mahayana Sutras』에 따르면 스승을 고를 때 가장 먼저 살펴야 할 것은 깨끗한 도덕성이다. 그런데 진리를 간절히 찾는 사람들은 때때로 너무 순진하다. 그래서 설득력 있는 사기꾼들이 운영하는 수련 장소나 공동체에 들어가기도 한다. 이런 사기꾼들은 신도들의 돈을 빼앗거나 심지어는 연인까지 빼앗아 달아난 뒤 다른 이름으로 다시 나타나곤 했다. 실제로 어떤 유명한 전도사는 여성 신도를 유혹하면서 이렇게 속이는 말을 하기도 했다. "목자가 양을 돌볼 수 있도록 도우라." 하지만, 이런 구절은 성경 어디에도 없다. 그럼에도 이 말은 헌신적인 신도들을 그의 품으로 끌어들이는 데 충분히 힘을 발휘했다.

스승이 될 만한 사람인지 알아보려면 말과 행동이 얼마나 잘 맞는지를 살펴보아야 한다. 우리는 그 사람의 마음속을 직접 볼 수 없으니 공식적인 명상 시간 밖에서 드러나는 행동을 보면 좋은 단서를 얻을 수 있다. 그가 명상을 통해 차분하고 평화로운 마음을 유지하고 있는가를 관찰하라. 신경질적이고 잘난 체하며 무질서하고 맡은 일을 끝까지 해내지 못한다면 과연 한 대상에 끝까지 집중할 수 있는 사람이겠는가. 어쩌면 이는 그가 연기의 법칙을 제대로 이해하고 있는지를 가늠할 기회가 될 수 있다.

또한 스승은 불법을 잘 알아야 하고 능숙하고 열정적으로 소통할 수 있어야 한다. 나는 불교를 본격적으로 배우기 시작했을 때 불교회에 정기적으로 참석했을 뿐 아니라 외부 강의도 많이 들었다. 그때 정말 다양한 가르침의 방식이 있다는 것에 깜짝 놀랐다. 이는 티베트 불교 안에도 여러 종파가 있으며 종파마다 조금씩 강조하는 점이 다르다는 점을 보여줬다. 사실 이런 차이는 사람마다 성격이 다르고 깨달음의 길의 어디쯤 있는지 다 다르기 때문에 생긴다.

내가 열다섯 살 때의 일도 떠오른다. 새 학기 첫 전교생 조회 시간에 교장 선생님이 자랑스럽게 우리 학교에 새로 합류한 선생님을 소개했다. 그 선생님은 매튜 박사로 수학을 담당할 예정이었다. 교직원 중 유일하게 박사 학위를 가진 사람으로 키가 크고 절제된 인상을 주었다. 게다가 여러 아이비리그 대학에서 공부하며 수학 천재로 불렸다.

그날 오후쯤, 우리 학년 수학 선생님이 매튜 박사가 될 거라는 이야기를 들었다. 우리 학년은 머리는 좋지만 산만한 학생들이 섞여 있었다. 그래서 매튜 박사가 우리를 잘 이끌어 준다면 좋은 성과가 있을 거라고 기대했다.

하지만, 첫날부터 매튜 박사의 수업 방식은 불만을 샀다. 진도를 너무 빨리 나가서 아직 이차방정식도 제대로 이해하지 못했는데 갑자기 더 어려운 미적분으로 넘어가 버린 것이다. 게다가 수업 중간에 원래 주제에서 벗어나 자신이 흥미롭게 생각하는 이야기를 하는 일도 종종 있었다. 그는 수학의 전반적인 그림은 이해하고 있었지만 학생 대부분은 기초도 제대로 배우지 못했다. 가장 큰 문제는 우리가 어렵다고 말을 해도 정작 뭐가 문제인지 파악조차 하지 못했다는 점이었다.

그해 연말, 학부모·교사회가 열리던 자리에는 걱정스러운 얼굴들이 많았다. 학생들의 불만은 그렇다 쳐도 낙제 성적이 무더기로 나온 것은 다른 차원의 문제였다. 학부모들은 대책을 요구했다.

다음 해에는 푸어리 선생님이 수학을 맡아 가르쳤다. 그는 매튜 박사처럼 머리가 비상한 것도 아니었고 대학 학위를 지닌 것도 아니었다. 그가 가진 것은 교사 자격증뿐이었다. 하지만, 그는 우리가 겪는 어려움을 누구보다 잘 이해했다. 그 역시 같은 문제를 경험해 보았기 때문이다. 어디서 막히는지 정확히 알고 있었고 장애물을 어떻게 넘어야 하는지 보여 주었을 뿐 아니라 자신감도 심어 주었다. 푸어리 선생님이 수학을 해낼 수 있었다면 우리도 할 수 있을 터였다.

불교를 가르치는 사람 중에는 매튜 박사나 푸어리 선생님 같은 사람들이 많이 있다. 각자 소임이 있는 것이다. (결국 매튜 박사는 지방 대학으로 자리를 옮겨 훨씬 더 큰 존경을 받았다. 그에게 맞는 자리를 찾은 셈이다.) 나는 여러 고승의 강의에 참석한 적이 많지만 실망스럽거나 별다른 감흥을 느끼지 못한 경우도 많았다. 반면에 불교를 믿는 친구와 나눈 대화가 더 큰 깨달음을 주는 경우도 있었다.

아무리 강조해도 지나치지 않은 것은 지금의 당신에게 말을 걸어 주고 마음으로 공감할 수 있는 스승을 찾는 일이다. 서두르지 말고 시간을 두어 그를 가까이에서 살펴보아야 한다. 다른 건 몰라도 이 일만큼은 반드시 현명하게 판단해야 한다.


## 🪷 학생의 자질

불교에서는 학생의 자질에 대해서도 오랜 기간에 걸쳐 그 기준을 정립해 왔다. 점검해야 할 항목으로는 집중력, 응용력, 스승과 불법에 대한 존경심을 꼽는다. 여기에는 질문하는 태도와 자신이 받는 가르침이 불법과 일치하는지 살펴보는 태도도 포함된다.

불교를 비판하는 사람들은 일부 제자들이 스승의 말을 너무 아무런 의심 없이 따른다고 말한다. 밖에서 보면 수행자들이 스승의 지시에 그대로 따르는 모습이 마치 주문에 걸린 것처럼 보이기도 한다.

하지만, 앞에서 말했듯이 학생은 단순히 수동적으로 따라가기만 해서는 안 된다. 배움은 TV를 보듯 그냥 흘러가는 과정이 아니기 때문이다. 학생은 적극적으로 참여해 끊임없이 질문하고 그 가르침을 어떻게 자기 삶에 적용할지 생각해야 한다. 스승을 따른다는 것은 자신의 미래를 남에게 맡겨버리는 것이 아니다. 오히려 그 반대다. 스승의 가르침은 포로 수용소의 땅굴 기술자의 조언이나 길 잃은 탐험가에게 필요한 항해 전 문가의 지도와 같다. 하지만, 실제로 땅굴을 파고 길을 찾아 나서는 일은 결국 우리 스스로 해야 한다. 마찬가지로 윤회의 굴레에서 벗어나는 길 도 각자 스스로 걸어가야 한다. 그리고 이것은 다른 사람을 위할 때도 마 찬가지다.


## 🪷 스승을 의지하는 것

소비 만능주의 시대를 사는 현대인은 자동차를 업그레이드하고, 가구 를 바꾸며, 경력을 쌓는 일에 익숙하다. 어떤 이는 이러한 원리를 연인 관계에도 적용한다. 누구를 만나든 어딘가에는 더 나은 사람이 있을 것 이라고 생각한다. 최신 승용차를 가지고 있더라도 몇 년이 지나면 곧 구 식 모델로 전락하듯이 말이다.

누군가를 스승으로 모실 때는 이런 태도를 버려야 한다. 진심으로 발 전하고 싶다면 가볍게 취미 삼듯이 접근하면 안 된다. 저명한 라마가 방 문해 놀라운 관정灌頂, Initiation 을 베풀어 줄 수도 있다. 달라이 라마가 직접 전하는 가르침을 얻을 기회가 있을 수도 있다. 이 모든 것은 물론 유용하 겠지만 이것으로 인해 스승과의 관계가 소원해져서는 안 된다. 여러 스 승을 전전하며 더 큰 지혜를 좇는 것은 우리의 발전이 외부 조건에 달려 있다고 믿는 함정에 빠지는 것이다. 수행해야 하는 것은 우리의 마음이 다. 우리의 개인적인 집착을 잘 알고 그것을 뛰어넘도록 도와주는 스승이 우리에게 훨씬 더 위대한 스승이다. 지위가 높은 라마에게서 기적적인 해결책을 찾기보다 우리를 잘 아는 스승에게 의지하는 것이 더 가치있다.

포토와<sub>Geshe Potowa</sub> 스님의 말을 들어보자.

> 스승을 정하지 않았다면 신중히 살펴라.
> 그러나 마음을 정했다면 끝까지 공경하라.
> 그리하면 미래에도 스승이 끊이지 않을 것이다.
> 그 업은 반드시 결실을 보리라.

스승을 존경하는 마음을 갖는 것도 중요하지만, 행동으로 보여 주는 헌신 역시 중대하다. 구체적으로는 세 가지가 있다. 물질적인 봉헌, 스승에 대한 공경과 봉사, 가르침에 따라 수행하는 것이 그것이다. 이 세 가지 중에 스승의 가르침에 따라 실천하는 것이 가장 중요하다.

모든 게 그렇듯, 불교는 우리에게 스승과 관계를 맺을 때 지혜로울 것을 권한다. 스승에게 선물을 드릴 때에도 적절한 정도를 지키는 것이 중요하다. 내가 로덴 스님을 처음 뵙기 전에 어떤 선물을 준비해야 할지 물어본 적이 있었다. 그때 무엇을 사든 좋은 품질을 고르라는 조언을 들었다. 또 로덴 스님께서는 받은 선물을 다른 사람에게 다시 나눠 준다고도 했다. 실제로 내가 벨기에 초콜릿을 주었을 때 돌아오는 길에는 내 손에 고급 비스킷 한 통이 들려 있었다.

선물의 품질은 주는 사람의 마음을 보여준다. 하지만, 아무리 작은 선물이라도 기쁜 마음으로 주는 것이 가장 중요하다. 어느 날 한 제자가 마음이 산만한 상태에서 찻잔을 보시하려 했는데 스님은 그것을 받지 않았다. 하지만, 다른 제자가 "제가 찻잔을 만들어 드리겠습니다."라며 진심으로 말했을 때는 그 마음을 기쁘게 받아주었다.

그 전의 제자가 물었다. "제가 여쭀을 때는 왜 컵이 필요하다고 하지 않으셨습니까?" 로덴 스님이 대답하셨다.

"자네가 진심으로 보시하려 하지 않았기 때문일세."

## 🪷 스승의 가르침을 따르기

만약 스승이 어서 친구를 불교에 귀의하게 하라고 제안한다면 어떻게 하겠는가? 또 머리카락을 밀고 좀 더 성자와 같은 품행을 지니라고 한다면? 율장경 Vinaya Sutra 에는 이런 말이 나온다. "만약 그것이 불법에 어긋난다면, 그 반대로 행하라."

스승에 대한 믿음을 키우는 것이 중요하긴 하지만, 그 믿음이 맹목적이어서는 안 된다. 또한, 지혜를 해치면서까지 그것을 행하면 안 된다. 라마 예셰는 학생들에게 항상 '확인'하라고 조언하는 분으로 유명하다. '확인하라'는 라마 예셰가 가장 많이 쓰는 슬로건 중 하나이다.

스승의 지시를 확인할 때는 세상을 어떻게 바라보는지 투사의 근원이 되는 마음도 점검해야 한다. 힘들 때는 특히 자신에게 물어봐야 한다. 문제가 되는 부분에서 어느 정도까지가 스승에게서 비롯되었고 어디까지가 내 탓인지 점검해야 한다.

## 🪷 스승의 장점

상식적으로 스승에게 의지하면 장점이 많다. 그렇다면 카르마의 관점에서 스승을 모신다는 것의 의미는 무엇일까?

스승께 평생 헌신하겠다고 서원하는 것은 앞으로 이어질 심류 속에 끝없는 공덕이 자라날 씨앗을 심는 일이라는 것을 배웠다. 이것은 초심자라면 나중에 훌륭한 스승을 만날 수 있는 업을 쌓고 있는 것이다. 마찬가지로, 스승을 공경하면서 업을 쌓으면 이 생이 끝나고 하계下界에 떨어지지 않을 것이다. 또한, 스승에 대한 공경은 세속적인 목표는 물론 깨달음에 이르는 모든 목표를 빠르게 성취할 길을 닦는 일이다.

『The Essence of the Nectar Graduated Path깨달음에 이르는 감로의 정수』에 이르길,

> 요컨대, 스승에게 헌신함으로써
> 현재의 역경으로부터 자유로워질 것이며
> 인간과 신계에서 더 높은 경지에 이를 것이요.
> 궁극적으로는 윤회의 고통이 끝날 것이며
> 지극히 뛰어난 경지에 이를 것이다.

하지만, 스승께 드린 서원을 어기는 것은 앞으로 올바른 인도자를 만나지 못하게 되는 원인을 만들고 자신의 미래를 위험하게 하는 일이다. 특히, 한때 스승이었던 사람을 험담하면 수행의 발전에 엄청난 해를 가할 악업을 쌓게 된다. 또한 마음 수행조차 할 수 없는 하계로 던져져 영

원히 떠돌게 된다.

 ## 모든 깨달음의 토대

21세기에 다른 사람을 공경하고 믿어야 한다고 말하면 왠지 고리타분한 소리 같다. 우리는 이런 가치를 중요시하는 사회에 살고 있지 않다. 대신, 냉소와 의심이 생존에 더 유리한 사회에 살고 있다. 이런 이유로 스승을 모시는 것은 낯선 일이다. 하지만, 스승이 없다면 깨달음의 길이 있다는 사실조차 몰랐을 것이고 그 길을 가장 빠르게 나아가는 법을 터득하지 못했을 것이다. 깨달음의 여정을 걷고 있는 여행자로서 우리는 이점을 유념해야 한다.

부처님은 경전에서처럼 손을 얹어 병을 고치는 기적을 행할 수 없다. 물론 그들의 죄를 씻지도 못한다. 부처님이 중생에게 베풀 수 있는 최고의 은혜는 불법을 가르치고 수행을 인도하는 것이다. 로덴 스님은 "오늘날 이런 일을 누가 하고 있는지 살펴본다면, 그것은 바로 성스러운 스승들일 것입니다. 스승이 평범한 사람인 이유는 부처님이 불법을 실천할 수 있도록 인도할 때 평범한 사람이 필요했기 때문일 겁니다. 이는 온 세상의 부를 다 가진 자라도 한 푼을 쓰기 위해서는 하찮은 이의 손길이 필요한 것과 같습니다."

우리가 스승을 어떻게 보느냐는 사실 스승 자체보다 우리의 마음가짐에 더 많이 달려있다. 앞 장의 '연기'에서 이미 살펴본 것처럼 외부 현실에는 객관적으로 고정된 실체가 없다. 그것은 우리의 마음이 비쳐낸 투영일 뿐이다. 만약 우리가 스승에게 환멸을 느낀다면 그것은 스승이 아니라 우리의 마음을 바꿔야 하는 문제일 수 있다.

스승이 우리의 운명에 중요한 이유는 대승불교Mahayana Tradition의 거장이었던 판디트 나로파Pandit Naropa와 그의 제자 마르파Marpa 사이에 전해 내려오는 한 일화에 잘 드러난다. 그들의 시간이 끝을 향해 갈 무렵, 최고의 경지에 오른 요기였던 나로파가 하늘에 부처님의 현현을 비추었다. 나로파는 마르파를 깨워 부처님이 하늘에 있다고 말했다.

마르파는 눈앞의 광경이 사실임을 깨닫고 놀라움을 금치 못했다. 나로파는 제자를 시험하기 위해 질문을 던졌다. "나에게 먼저 절하겠느냐? 부처님께 먼저 절하겠느냐?"

큰절을 올리는 것은 존경을 표현하는 티베트 불교 승가의 전통적인 방식이다.

마르파는 나로파는 언제든지 볼 수 있지만 부처님을 볼 수 있는 기회가 이번이 유일하다는 점에서 부처님에게 먼저 절을 올리기로 했다. 하지만, 마르파가 그렇게 하자마자 나로파는 이렇게 지적했다.

"스승 이전에, 부처님이라는 이름은 없다. 무량한 겁에 나타난 모든 부처님은 결국 스승으로부터 비롯되느니라."

스승이 없으면 불법도 없다. 스승이 없으면 윤회를 벗어날 가능성도 없어진다. 하루하루를 살아가는 일도 훨씬 힘겨워진다. 그러므로 부처님의 길을 따르기로 했다면 훌륭한 스승을 찾는 일이 우선이다.

사실 가르침을 왜곡하여 전하지 않는 신뢰할 만한 스승을 찾는 일은 언제나 어렵다. 다른 모든 일과 마찬가지로 불교에서는 이 중요한 선택을 할 때는 상식과 신중함을 잊지 말라고 가르친다. 또한, 유명한 스승만을 고집하지 말아야 한다. 이보다 훨씬 더 중요한 것은 연민의 지혜이다.

## 🪷 제자가 준비되었을 때

"제자가 준비되면, 스승이 나타날 것이다."라는 오랜 격언을 들어 본적 있을 것이다. 이것은 나에게도 사실이었다. 사실 스승이 언제나 거기계셨다는 말이 더 맞는 말이겠지만, 어쨌든 나는 스승을 찾고 싶었다.

다른 신자들과 이야기를 나누던 중 내가 그들과 비슷한 경험을 하고 있다는 걸 알게 되었다. 스승은 뜻밖에도 가까이에 있었다는 사실 말고도 흥미로운 현상을 발견했다. 수업을 마치고 다른 사람과 오늘 배운 내용에 관해 이야기하던 중 그들이 종종 나와는 아주 다른 해석을 한다는 것을 알게 되었다. 내가 이해한 것과 완전히 다르지는 않았지만 강조하는 부분이 달랐다. 나에게 매우 의미 있는 통찰이 다른 사람에게는 그렇게 중요하게 다가오지 않는다는 것을 알았다.

부처님뿐 아니라 예수의 제자 베드로 같은 위대한 스승들에게도 비슷한 이야기가 전해진다. 여러 민족이 섞여 있는 큰 무리 앞에서 설법했는데 놀랍게도 모든 사람이 자기 나라말로 그 가르침을 들을 수 있었다는 것이다. 우리는 이 일화를 글자 그대로 받아들일 수도 있지만 더 신중하게 살펴보면 우리 역시 늘 이와 비슷한 경험을 하고 있음을 알 수 있다. 같은 가르침을 듣더라도 각자가 받아들이는 말은 서로 다르기 때문이다.

스승과 제자의 관계는 결코 일반적인 인간관계와 같지 않다. 제자가 무엇을 얻는 지는 단지 스승의 자질에만 달려 있지 않다. 제자가 어떤 삶의 단계에 있는지, 그가 필요한 것이 무엇인지가 스승 못지않게 중요하다. 그런 점에서 스승은 단순히 가르침을 전달하는 사람이 아니라 제자가 장애물을 넘어설 수 있도록 돕는 '조력자'에 가깝다.

우리 삶에서 스승의 자리는 특별하다. 그것은 친구나 배우자, 친척이 차지하는 자리와는 본질적으로 다르다. 아무리 가족이나 배우자, 친구로부터 사랑과 지지를 받더라도 그들과의 관계에서 자기중심적 욕망이나 이해관계를 완전히 내려놓을 수는 없다. 또한, 치료사가 내담자를 한 발 물러서 바라볼 수는 있더라도 참깨 같은 사소한 집착을 넘어 이 생을 초월하는 안목을 지닌 경우는 드물다.

반면, 스승은 제자가 진정으로 오래 행복할 수 있도록 마음을 쏟는다. 더 나아가 그 행복이 다른 이들에게도 퍼져 나가기를 바란다. 스승은 우리 앞에 찬란한 가능성의 지평을 열어 주며 그 자비는 우리가 평생 갚을 수 없는 은혜로 남는다.

어떻게 해야 행복할 수 있을까? 다시 처음으로 돌아가서 〈람림〉의 가르침은 간단하고 직접적이며 깨달음을 준다. 물론 실천은 늘 쉽지가 않다. 간단히 말해, 진정한 행복은 우리가 외부 환경이 아닌 우리 마음을 바꿀 수 있을 때 생긴다. 또한 타인을 충분히 보살필 수 있을 만큼 나에 대한 집착을 내려놓아야 진짜 행복이 찾아온다. 진짜 행복은 나를 포함한 모든 현상이 연기로써만 존재한다는 인식이 있어야 가능하다. 출리심과 보리심, 그 밖에 언급된 부처님의 지혜는 우리의 궁극적 운명인 초월적 행복으로 인도해 준다.

하지만, 우리가 궁극적인 목표에 가닿기 전에, 스승의 인도에 따라 마음 챙김을 하고 연민을 실천하면 우리가 스스로 규정해 왔던 '나'가 참된 자아가 아님을 조금씩 깨달을 것이다. 그렇게 우리는 좁고 제한적인 자아에 대한 그릇된 믿음을 깨트리고 깨알만 한 집착마저 내려놓게 될 것이다. 그리하여 우리의 역할을 더 큰 관점에서 인식하여 눈부시게 빛나는 진짜 기회를 알아볼 수 있을 것이다. 여태 '나'라고 여겼던 존재의 한계를 뛰어넘게 되는 것이다.

나 같은 경우, 비록 불법의 길에 들어선 지 얼마 되지 않아 단언하기는 아직 조심스럽지만 이 소중한 가르침 없는 삶은 상상조차 하기 싫다. 명상은 삶을 객관적으로 비추어 주는 고요의 샘으로 나를 이끌어 주었고 나는 그 혜택을 매일 누리고 있다. 연기의 통찰은 시련을 견뎌낼 힘을 주었으며 보리심은 마음을 더 쉽게 열 수 있도록 도와주었다.

나는 감히 자신을 보살이라 내세울 수는 없으나 그런 분들을 직접 뵐 수 있었다. 그 경험은 내게 큰 특권이었다. 수행을 근간으로 하는 전통에서 달라이 라마와 나의 스승 로덴 스님, 레즈 시히, 텐진 팔모 스님과 같은 지도자만큼 큰 찬사를 받아야 할 사람도 없을 것이다. 그들은 빛나는 생동감 속에서 때로는 손에 잡힐 듯 충만한 자비심과 더불어 살아간다. 그 모습은 보는 이의 마음을 깊은 감동으로 채운다.

## 새 출간, 새로운 여정

나는 2003년 이 책의 초판을 썼다. 무엇보다도 나의 스승 레즈에게서 영감을 받았다. 그는 불법을 전할 때 언제나 솔직하고, 유머러스하며, 듣는 이를 끌어당기는 힘이 있다. 나는 레즈의 방식을 책으로 옮김으로써 기존의 불교 입문서와는 뚜렷하게 구별되는 새로운 입문서를 만들어내고 싶었다.

앨런 앤 언윈Allen & Unwin 출판팀이 이 계획에 찬성 의사를 밝혔을 때 진심으로 기뻤다. 처음부터 이 책의 출판 작업은 색다른 경험이었다. 편집자 역시 티베트 불교도였기에 우리 둘은 이 프로젝트가 단순한 책 판매 이상의 가치를 가질 거라고 확신했다. 게다가 출간 후, 나는 이전처럼 최신 판매 데이터에 전전긍긍하지 않았다. 책의 인세 전액을 자선 단체에 기부하기로 정했기 때문이었다. 이 작업은 돈을 벌기 위한 일이 아니었다.

그러던 중, 출판된 지 한 달쯤 지난 어느 날 출판사에서 전화가 걸려왔다. 판매 실적이 매우 좋아 재인쇄에 들어간다는 소식이었다. 전 세계

서점에서 재주문이 이어졌다. 가장 홍보 효과가 좋다는 입소문을 탄 것 같았다.

몇 달 사이에 초판 3쇄 발행을 했다. 놀랍게도, 4쇄, 5쇄 출판으로까지 이어졌다. 그러는 동안에 해외 판권 팀도 성과를 올리기 시작했다. 그런데 첫 번째 번역 판권 계약이 체결된 곳이 다름 아닌 중국이었다. 믿기 어려울 정도로 놀라운 일이었다. 그 뒤로 네덜란드, 러시아, 터키 등 다양한 나라에서 추가 판권 계약이 성사되었고 미국에서는 배급사까지 확보되었다.

불법의 관점에서 이 책은 올바른 동기를 갖고 특정 결과에 집착하지 않는 한 가장 놀라운 일들이 자연스레 펼쳐질 수 있음을 증명해 주는 책이다.

그리고 개인적으로 말하자면 내 인생 가장 만족스러운 책이었다. 독자들의 반응과 경험담을 접하면서 놀라움과 동시에 겸허함을 느꼈다. 그들의 지적이면서도 진심 어린 글을 읽으며 나는 무척이나 깊이 감동했다.

그러면서도 문득 생각하게 되었다. 알지 못하는 사이 새로운 방향으로 가게 된 것은 아닐까? 내가 쓸 수 있는 다른 불법 관련 책들은 또 없을까? 불법을 전하는 것, 곧 가장 중요한 보시 가운데 하나인 법보시를 실천할 수 있는 창의적인 방법에는 무엇이 있을까?

## 부처님의 가장 큰 선물

『금강경 The Diamond Sutra』에는 부처님과 그의 제자 수부티 Subhuti 가 나눈 대화가 나온다.

> 부처님이 수부티에게 물었다. "깨달음의 흐름에 들어간 자가 스스로 '흐름에 들어갔다'라고 표현할 수 있겠느냐." 수부티가 대답했다. "아닙니다, 부처님. 그는 자신이 아무것도 얻지 못했음을 알기에 입류자 Stream-enterer라고 불립니다. 만약 그가 깨달음의 흐름에 들어갔다고 생각한다면, 그는 자아나 영혼, 또는 개별적인 자아 개념에 집착하고 있는 것입니다."

이것이야말로 부처님이 우리에게 주는 가장 큰 선물이다. 당신은 그저 조금 더 행복해지기 위해 이 책을 선택했더라도 책을 읽으며 완전히 다른 실재를 마주하게 될 것이다. 그것은 바로 우리가 하나의 파도가 아니라 그저 찬란하게 빛나는 물 자체임을 깨닫는 것이다. 이것을 머리로만 이해할 수 있어도 우리는 자신이라는 무거운 짐에서 해방될 수 있다. 그리고 무한하고 충만한 환희로 가득한, 더 넓은 인식의 지평으로 들어갈 것이다.

나는 진심으로 당신이 이 책을 통해 행복의 도구를 얻기를 바란다. 그 도구로 세상을 경험하는 방식을 재해석하고 바쁜 가운데에서도 고요하며, 삶의 불확실성 속에서도 깊이 평안하기를 바란다. 무엇보다도, 부처님의 가르침이 당신의 참된 본성과 그 내면 깊은 곳에서 빛나는 초월의 광휘를 어렴풋이나마 비추어 주기를 바란다.

이 공덕으로 저와 모든 중생이 예외 없이
활기차고 건강하며 장수하기를,
또한 풍요와 한없는 사랑을 누리기를 바랍니다.
우리 마음 깊은 곳에서 삼보<sub>佛·法·僧</sub>에 귀의하며,
무상의 보리심이 일어나고 연기의 궁극적 진리를 깨닫기를 바랍니다.
마음 챙김과 보리심, 육바라밀을 닦으며,
청정한 가르침의 계보를 잇는 스승의 인도를 받아
우리 모두가 순조롭고 빠르게
지극히 큰 깨달음의 환희에 이르기를 바랍니다.

**탐** Attachment • 행복의 진정한 원인이 물건, 사람, 상황에 있다고 잘못 믿는 것.

**진** Aversion • 불행의 원인이 물건, 사람, 상황에 있다고 잘못 믿는 것.

**보리심** Bodhichitta • 깨달음의 마음. 모든 중생을 고통에서 해탈시키기 위해 깨달음을 이루려는 염원.

**보살** Bodhisatta • 모든 중생을 고통에서 해방시키기 위해 깨달음을 이루고자 하는 사람.

**부처님** Buddha • 깨달은 자. 완전한 깨달음을 이룬 존재.

**연기** Dependent Arising • 모든 존재와 현상이 부분, 원인, 마음의 투영에 의존해 존재한다는 생각.

**법** Dharma • 부처님의 교리나 가르침.

**깨달음** Enlightenment • 마음이 자신의 무한하고, 전지하며, 행복한 참된 본성을 깨달아 깨어난 상태.

**스승** Guru • 영적 친구.

**업** Karma • 행동 또는 행위. 반응과 인과응보의 개념을 내포함.

**람림** Lam Rim • 단계적으로 깨달음에 이르는 수행의 길.

**만트라** Mantra • '마음의 보호'라는 뜻으로, 특정 명상과 관련하여 특정 결과를 얻기 위해 외우는 일련의 소리를 일반적으로 지칭함.

**열반** Nirvana • '자아에 대한 거짓된 감각을 끄다.'라는 뜻으로, 윤회에서 벗어난 개인의 해탈을 일컬음.

**윤회** Samsara • 업과 망상에 괴로워하는 마음. 이 마음이 거짓된 자아감에 집착하여 태어나고 죽고 다시 태어나는 보편적인 순환을 계속하게 함.

**승가** Sangha • 불교의 승려와 비구니 공동체. 서양에서 '재가승가 Lay Sangha'는 출가하지 않은 수행자를 뜻하기도 함.

**탄트라** Tantra • 티베트 불교의 고급 가르침으로, 입문 의식을 거친 후에만 수행됨.

**탕카** Thangka • 그림으로 장식한 벽걸이.

**툴쿠** Tulkus • 인정받은 환생 라마. 다른 사람이 깨달음에 이르도록 돕기 위해 자발적으로 다시 태어난 이.

# 인생 최악의 날
# 부처가 나에게 말을 걸었다

**초판 1쇄 발행** 2026년 1월 19일

**지은이** 데이비드 미치
**옮긴이** 강정선
**펴낸이** 유성권

**편집장** 윤경선
**책임편집** 조아윤 **편집** 김효선
**홍보** 윤소담 **디자인** 박채원
**마케팅** 김선우 강성 최성환 박혜민 김현지
**제작** 장재균 **물류** 김성훈 강동훈

**펴낸곳** ㈜이퍼블릭
**출판등록** 1970년 7월 28일, 제1-170호
**주소** 서울시 양천구 목동서로 211 범문빌딩(07995)
**대표전화** 02- 2653- 5131 **팩스** 02- 2653- 2455
**메일** tiramisu@epublic.co.kr
**인스타그램** instagram.com/tiramisu_thebook
**블로그** blog.naver.com/tiramisu_thebook

**티라미슈** 은 ㈜이퍼블릭의 인문에세이 브랜드입니다.